Lothar Schulze, Sven Schoof

Entscheidungsorientierte Informationssysteme im pra

Erstellen eines Prototypen

Bibliografische Information der Deutschen Nationalbibliothek:

Bibliografische Information der Deutschen Nationalbibliothek: Die Deutsche
Bibliothek verzeichnet diese Publikation in der Deutschen Nationalbibliografie;
detaillierte bibliografische Daten sind im Internet über http://dnb.d-nb.de/ abrufbar.

Copyright © 1998 Diplomica Verlag GmbH
Druck und Bindung: Books on Demand GmbH, Norderstedt Germany
ISBN: 9783838610177

http://www.diplom.de/e-book/216911/entscheidungsorientierte-informationssyste-
me-im-praktischen-einsatz

Lothar Schulze, Sven Schoof

Entscheidungsorientierte Informationssysteme im praktischen Einsatz

Erstellen eines Prototypen

Diplom.de

Lothar Schulze
Sven Schoof

Entscheidungsorientierte Informationssysteme im praktischen Einsatz

Erstellen eines Prototypen

**Diplomarbeit
an der Technischen Fachhochschule Berlin
April 1998 Abgabe**

Diplomarbeiten Agentur
**Dipl. Kfm. Dipl. Hdl. Björn Bedey
Dipl. Wi.-Ing. Martin Haschke
und Guido Meyer GbR**

**Hermannstal 119 k
22119 Hamburg**

agentur@diplom.de
www.diplom.de

ID 1017
Schulze, Lothar / Schoof, Sven: Entscheidungsorientierte Informationssysteme im
praktischen Einsatz: Erstellen eines Prototypen / Lothar Schulze / Sven Schoof ·
Hamburg: Diplomarbeiten Agentur, 1998
Zugl.: Berlin, Technische Fachhochschule, Diplom, 1998

Dipl. Kfm. Dipl. Hdl. Björn Bedey, Dipl. Wi.-Ing. Martin Haschke & Guido Meyer GbR
Diplomarbeiten Agentur, http://www.diplom.de, Hamburg
Printed in Germany

Diplomarbeiten Agentur

Wissensquellen gewinnbringend nutzen

Qualität, Praxisrelevanz und Aktualität zeichnen unsere Studien aus. Wir bieten Ihnen im Auftrag unserer Autorinnen und Autoren Wirtschafts-studien und wissenschaftliche Abschlussarbeiten – Dissertationen, Diplomarbeiten, Magisterarbeiten, Staatsexamensarbeiten und Studien-arbeiten zum Kauf. Sie wurden an deutschen Universitäten, Fachhoch-schulen, Akademien oder vergleichbaren Institutionen der Europäischen Union geschrieben. Der Notendurchschnitt liegt bei 1,5.

Wettbewerbsvorteile verschaffen – Vergleichen Sie den Preis unserer Studien mit den Honoraren externer Berater. Um dieses Wissen selbst zusammenzutragen, müssten Sie viel Zeit und Geld aufbringen.

http://www.diplom.de bietet Ihnen unser vollständiges Lieferprogramm mit mehreren tausend Studien im Internet. Neben dem Online-Katalog und der Online-Suchmaschine für Ihre Recherche steht Ihnen auch eine Online-Bestellfunktion zur Verfügung. Inhaltliche Zusammenfassungen und Inhaltsverzeichnisse zu jeder Studie sind im Internet einsehbar.

Individueller Service – Gerne senden wir Ihnen auch unseren Papier-katalog zu. Bitte fordern Sie Ihr individuelles Exemplar bei uns an. Für Fragen, Anregungen und individuelle Anfragen stehen wir Ihnen gerne zur Verfügung. Wir freuen uns auf eine gute Zusammenarbeit

Ihr Team der *Diplomarbeiten* Agentur

Dipl. Kfm. Dipl. Hdl. Björn Bedey –
Dipl. Wi.-Ing. Martin Haschke ——
und Guido Meyer GbR ————

Hermannstal 119 k ————
22119 Hamburg ————

Fon: 040 / 655 99 20 ————
Fax: 040 / 655 99 222 ————

agentur@diplom.de ————
www.diplom.de ————

Vorwort

Das vorliegende Schriftstück entstand als Gruppendiplomarbeit während unserer Praxisphase in der Abteilung Anwendersoftware Professional Services der Siemens Nixdorf Informationssysteme AG.

Besonderer Dank gebührt Herrn Ohlhaut, der uns die Erstellung der Diplomarbeit ermöglichte, sowie Herrn Rainer Hensel, den betreuenden Dozenten seitens der Technischen Fachhochschule Berlin.

München, im Frühjahr 1998   Sven Schoof und Lothar Schulze

Inhaltsverzeichnis

Inhaltsverzeichnis

Inhaltsverzeichnis

Inhaltsverzeichnis

Inhaltsverzeichnis

1. Einleitung

1.1. Motivation und Zielsetzung

Ziel der vorliegenden Diplomarbeit ist es, anhand der Herausstellung des Informationsbedarfs und somit des Bedarfs nach entscheidungsunterstützenden Informationssysmen in Unternehmen, einen Überblick dieser Systeme zu gewährleisten. Diese Zielsetzung wird durch eine detaillierte Erläuterung der einzelnen Komponenten solcher entscheidungsorientierter Systeme unterstützt.

Weiterhin werden die Schritte zur Erstellung und Implementierung von entscheidungsunterstützenden Informationssystemen in Unternehmen mittels einer Beschreibung zur Erstellung eines entsprechenden Prototypen erläutert.

Ausgangspunkt für die Recherche und Untersuchungen dieser Arbeit bildet der mangelnde Über- und Durchblick zum Thema entscheidungsorientierter Informationssysteme. Hinzu kommt die verwirrende Vielfalt der bestehenden Begrifflichkeiten. Mangelnde Abgrenzungen dieser Systeme sowie deren Komponenten, insbesondere im Zusammenhang mit dem Begriff „Data Warehouse", verschärfen diesen Aspekt.

Das Konzept „entscheidungsunterstützender Informationssysteme" spiegelt die Gesamtheit der betroffenen Prozesse eines Unternehmens wider. Sowohl in der Literatur als auch in der Praxis wird oftmals dieses Gesamtprojekt, d.h. Datenselektion, Speicherung, Modellierung, Auswertung und Präsentation unter dem Begriff „Data Warehouse-Konzept" vorgestellt. Der Entwurf und eine Implementierung eines *Data Warehouse* sind nicht Hauptthema dieser Diplomarbeit. Diese Thematik wurde schon ausreichend in der Literatur und Praxis ausgearbeitet. Ausgangspunkt ist, daß in vielen Unternehmen bereits ein *Data Warehouse* besteht oder zumindest das Konzept dafür entworfen wurde.

Kernthematik der Diplomarbeit umfaßt das Aufzeigen von Lösungsansätzen zur Datenanalyse und -auswertung sowie deren Umsetzung in der Praxis.

Erwünschtes Ergebnis dieser Diplomarbeit ist die Verschaffung eines transparenten Überblicks des Gesamtbereichs entscheidungsorientierter Informationssysteme anhand der Beantwortung folgender Fragen:

- Besteht ein Bedarf für entscheidungsorientierte Informationssysteme bei Unternehmen?

- Aus welchen Komponenten setzt sich ein entscheidungsorientiertes Informationssystem zusammen?

- Welche Abgrenzungen der einzelnen Komponenten zueinander bestehen?

- Wie wird ein entscheidungsorientiertes Informationssystem erstellt?

1.2. Gliederung der Arbeit

Die Diplomarbeit gliedert sich in die folgenden vier Teile:

- Einleitung

- erster Hauptteil

- zweiter Hauptteil

- Schluß

Die Einleitung beschreibt die Motivation, Zielsetzung und Gliederung der Diplomarbeit.

Der erste Hauptteil beinhaltet einen Überblick über die heutige Informationsversorgung in Unternehmen, eine Zusammenfassung der Thematik zu entscheidungsorientierten Informationssystemen und eine ausführliche Erläuterung der drei Kernkomponenten eines solchen Systems. Hierbei wird jeweils auf die Historie und Entwicklung, einer klaren Definition sowie Abgrenzungen zu den verwandten Bereichen eingegangen.

Der zweite Hauptteil umfaßt zum einen die Erstellung eines Prototypen für entscheidungsorientierte Informationssysteme auf theoretischer Ebene und zum anderen die tatsächliche Umsetzung einer Prototypenerstellung innerhalb einer Abteilung der Siemens Nixdorf Informationssysteme AG.

Der Schluß bietet eine Zusammenfassung der Ergebnisse dieser Arbeit sowie ein abschließendes Wort über entscheidungsorientierte Informationssysteme.

Die folgende Abbildung ist eine schematische Darstellung der Gliederung:

1. Einleitung

Motivation und Zielsetzung
Gliederung

2. Erster Hauptteil

Informationsversorgung in Unternehmen

Entscheidungsorientierte Informationssysteme

Data Warehouse	On-Line Analytical Processing	Business Intelligence Tools

3. Zweiter Hauptteil

Erstellung eines Prototypen

Theoretische Vorgehensweise	Unsere praktische Umsetzung

Zusammenfassung
Abschließendes Wort

2. Informationsversorgung in Unternehmen

Es ist eine Tatsache, daß Führungspersonen nicht Entscheidungen treffen, die „gut" oder „schlecht" sind, sondern, daß sie eher Entscheidungen fällen, welche auf der Basis von **guten** oder **schlechten** Informationen beruhen.

Gravierende Fehlplanungen und -entscheidungen sind zwangsläufige Folgen einer fehlenden adäquaten Informationsbasis und deren Aufbereitung.

"Information is the only asset a company needs to own."[1]

Mit dieser sicher überzogenen Behauptung wird die überragende Bedeutung der Information für Unternehmen in der heutigen Wirtschaft verdeutlicht.

2.1. Dynamik der Wirtschaft - Information als Wettbewerbsfaktor

"Nichts ist mehr, wie es früher war. Das einzig Beständige ist der Wandel".[2]

Die rasante Dynamik und die immer kürzer werdenden Innovationszyklen der heutigen Wirtschaft führen zu einem höheren Stellenwert der Information.

Information wird heute neben den traditionellen Faktoren - Kapital, Arbeit und Ressourcen - als der vierte wesentliche Produktionsfaktor angesehen.

Information ist als „die unternehmerische Ressource schlechthin"[3] anzusehen. Damit ist jedoch eine andere Verwendung von Information angesprochen als diejenige, für die Informationstechnik vorwiegend eingesetzt wurde: nämlich für die Automatisierung vorgegebener betrieblicher Abläufe.

Wenn wir Information dagegen als Produktionsfaktor verstehen, bekommt Information und damit die Daten, aus denen sie entsteht, eine andere, strategische Qualität. Es kommt vor allem darauf an, Information zur Steuerung des Unternehmens und zur Steigerung der Wettbewerbsfähigkeit einzusetzen, beispielsweise als ein Hilfsmittel zur Entscheidungsfindung, um so aus ihr unmittelbar wirtschaftlichen Nutzen zu gewinnen.

Der Wandel der Wirtschaft bringt u.a. folgende Herausforderungen für
die Unternehmen mit sich:

- gesättigte Märkte

- Intensivierung des Wettbewerbs durch zunehmenden Verdrängungswettbewerb

- Globalisierung der Märkte.

---

[1] Tom Peters
[2] Der Popcorn-Report - Heyne Verlag
[3] Picot, Franck - Die Planung der Unternehmensressource Information I, S. 544

Viele Unternehmen sehen sich u.a. durch Produkthomogenisierung, Ressourcenverknappung, immer kürzere Innovations- und Produktlebenszyklen sowie insbesondere den Wandel von Verkäufer- zu Käufermärkten einen immer härter werdenden Wettbewerb ausgesetzt.

Die heutige Marktheterogenität und die damit verbundene Dynamik veranlassen viele Unternehmen, bisherige Philosophien und Strukturen zu überdenken und umzugestalten. Im Zuge dieser Entwicklung sind in den vergangenen Jahren eine Vielzahl von Konzepten diskutiert worden, die teilweise bestimmte Aspekte betreffen, zum Teil aber auch umfassende neue Ansätze darstellen.

Ein gemeinsames Kennzeichen aller Konzepte ist, daß sie das konventionelle Managementverständnis in Frage stellen, wobei wesentliche Unterschiede der Konzepte den Umfang, die Tiefe und die Qualität betreffen, mit der sie Veränderungen herbeiführen können.

Meistens werden neue Managementansätze auf bestehende Strukturen aufgesetzt, ohne die Einbeziehung der Daten- oder der Informationsverarbeitung zu berücksichtigen. Unternehmerischer Erfolg hängt heute aber mehr denn je von den erzielten Informationsvorsprüngen ab.

Auf der Suche nach neuen Wettbewerbsvorteilen wird die Informationstechnologie zunehmend von Entscheidungsträgern im Vorstand, im Controlling oder in den Fachabteilungen genutzt.

Die Informationstechnologie dient nicht mehr nur der Sammlung und dem Austausch von Daten, sondern in verstärktem Maße auch der systematischen und schnellen Beschaffung, Verwaltung, Bereitstellung und Interpretation von Informationen.

Um die kritischen Erfolgsfaktoren „Art und Qualität der Informationen" sowie „Qualität und Effizienz der Entscheidungsprozesse" gestalten zu können, müssen alle Fragen der für das Unternehmen am besten geeigneten Informationsversorgung stärker als bisher in den Vordergrund gerückt werden.

„Die richtige Information zur richtigen Zeit, am richtigen Ort ist entscheidend für erfolgreiches unternehmerisches Handeln."[4]

Diese Forderung läßt sich nur dann realisieren, wenn Information massiv in elektronischer Form angeboten und aufbereitet wird.

---

[4] Mucksch - Das Data Warehouse-Konzept, S.5

2.2. Gegenwärtige Situation der betrieblichen Informationsversorgung

2.2.1. Zunahme des Informationsangebots

Es herrscht in den heutigen Unternehmen eine steigende Datenflut bei gleichzeitigem Informationsdefizit. Das heißt, daß Unternehmen zwar im Besitz einer Vielzahl von Daten sind, sich aber nicht in der Lage sehen, diese sinnvoll zu nutzen - die richtige Information zur richtigen Zeit am richtigen Ort fehlt.

Im Unternehmen selbst werden immer neue Daten von automatisierten und nicht-automatisierten DV-Anwendungen erzeugt.[1] Die gleiche Entwicklung gilt auch für die Informationen aus externen Datenquellen.

Die weltweit vernetzten Informations- und Kommunikationssysteme stellen die zukünftig bedeutsamsten externen Informationsquellen dar. Beispielhaft für viele andere Dienstanbieter ist das Internet mit geschätzten 50-60 Millionen Benutzern weltweit. Anzumerken ist, daß mittlerweile die Anzahl der Informationsanbieter im Internet seitens der Wirtschaft die der Wissenschaft bei weitem übersteigt.

Diese Entwicklungen führen zu einem exponentiellen Wachstum der in diversen Datenbanken und Archiven gespeicherten internen und externen Daten. Diese Daten stellen im wesentlichen die Informationsbasis dar, die als Entscheidungsgrundlage für diverse Aufgabenträger in einem Unternehmen dient und für die zukünftige Ausrichtung des Unternehmens mit von Bedeutung ist.

2.2.2. Informationssysteme zur betrieblichen Informationsversorgung

Anhand der in Grafik 1 aufgeführten Systempyramide läßt sich die Struktur von Informationssystemen zur betrieblichen Informationsversorgung darstellen.

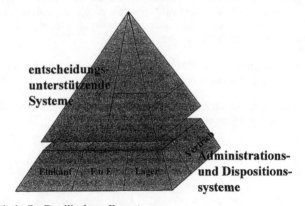

Quelle: Mucksch - Das Data Warehouse-Konzept

Grafik   1:   Strukturierungsansatz   von   Informationssystemen

---

[1] vgl. Mucksch - Das Data Warehouse-Konzept, S.9

Die untere Stufe der Systempyramide setzt sich aus den Administrations- und Dispositionssystemen zusammen, die die Basisabläufe des operativen Unternehmensgeschehens abbilden.

Administrationssysteme dienen hauptsächlich der Rationalisierung der Massendatenverarbeitung, wobei sehr einfache Tätigkeiten wie Tabellendrucken und Adressenschreiben im Vordergrund stehen.

Dispositionssysteme unterstützen die Lösung von einfachen Entscheidungsproblemen vorwiegend auf der unteren und mittleren Führungsebene.

Somit bilden Administrations- und Dispositionssysteme die Grundlage der als entscheidungsunterstützende Systeme[2] bezeichneten zweiten Stufe der Systempyramide. Sie verwenden die auf der ersten Stufe erfaßten Daten und verdichten sie zum Zwecke der Entscheidungsunterstützung, wobei verschiedene Ausprägungen dieser Systeme existieren.

---

[2] vgl. Mucksch - Das Data Warehouse-Konzept, S.14ff

2.3. Geforderte Qualität der Informationen

Die Qualität betrieblicher Entscheidungen auf allen Ebenen beruht direkt auf der der verfügbaren Informationsbasis, welche wiederum von der Qualität der gespeicherten Daten abhängig ist.

Um diese zu gewährleisten, müssen folgende Kriterien erfüllt sein:

Relevanz: Daten stellen für den Entscheidungsträger genau dann Informationen dar, wenn sie für die konkrete Aufgabenstellung relevant sind.

Genauigkeit: Daten müssen eine auf das Arbeitsgebiet des Entscheidungsträgers abgestimmte Genauigkeit haben (beispielsweise zwei Nachkommastellen bei der Finanzbuchhaltung).

Vollständigkeit: Dem Entscheidungsträger müssen vollständige Daten zur Verfügung gestellt werden.

Zusammenhang: Daten, die aus ihrem ursprünglichen Umfeld gelöst wurden und mit diesem nicht mehr in Zusammenhang gebracht werden können, stellen für den Entscheidungsträger sehr unsichere Daten dar.

Zugriffsmöglichkeiten: Der Zugriff auf die von dem Entscheidungsträger gewünschten Daten soll schnell sein, wobei unter Zugriffsmöglichkeiten nicht nur die technischen und organisatorischen Voraussetzungen, sondern auch die Möglichkeiten der Herausfilterung bestimmter Daten aus einem Datenpool zusammengefaßt werden.

Flexibilität: Die gespeicherten Daten müssen form-, manipulier- und transformierbar sein.

Aktualität und Zeitraumbezug: Daten müssen dem Entscheidungsträger zeitgerecht zur Verfügung gestellt werden. Historische Daten, die über einen langen Zeitraum gesammelt werden, ermöglichen wesentlich differenziertere Trendanalysen, als dies mit kurzfristigen Daten ausführbar wäre.

Transportierbarkeit: Daten müssen transportiert werden können und somit an beliebigen Orten für den Entscheidungsträger verfügbar sein.

Sicherheit: Daten sollten vor unauthorisierten Zugriff geschützt sein.

3. Entscheidungsorientierte Informationssysteme

Die betriebswirtschaftlich und technisch logische Selektion und Speicherung von Daten, sowie deren entscheidungsorientierter Modellierung und der anwenderorientierten Analyse und Präsentation dieser Daten umfaßt das Konzept eines entscheidungsorientierten Informationssystems (*EIS*).

3.1. Historie und Entwicklung

Der Gedanke einer einheitlichen Aufbereitung interner und externer Betriebsdaten zur Unterstützung der Entscheidungsfindung im Management findet seine Ursprünge in den sechziger Jahren.

In der Literatur besteht sowohl über die Begriffsbezeichnung als auch über die Zuordnung der einzelnen Systeme zu bestimmten Epochen Uneinigkeit.

Dennoch ist es bei einem Vergleich mehrerer Literaturquellen möglich, bestimmte Systeme einzelnen Epochen zuzuordnen.

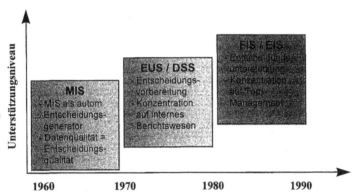

Quelle: Schnitzer, Bange, Wehner, Zeile - Management mit Maus und Monitor

Grafik 2: Entwicklung entscheidungsunterstützender Systeme

3.1.1. Management Informationssysteme (MIS)

In den sechziger Jahren wurde die Datenverarbeitung, die bis zu diesem Zeitpunkt nur als Basisdatenverarbeitung (*EDP*) für Routinearbeiten eingesetzt wurde, von Management Informationssystemen abgelöst.

MIS ist das erste kennzahlenorientierte Berichtssystem, das entscheidungsrelevante Informationen aufbereitet und Dispositionsentscheidungen unterstützt. Dabei soll es die Automatisierung der Massenarbeit, die systematische Unterstützung der Dispositionsarbeit (laufende Führungsentscheidungen) und die Bereitstellung entscheidungsrelevanter Daten für strategische Planung umfassen.

3.1.2. Entscheidungsunterstützungssysteme (EUS / DSS)

Anfang der siebziger Jahre wurde von Gorry und Scott Morton ein interaktives computerunterstütztes System entwickelt, welches zur Lösung nicht im voraus planbarer Vorgänge eingesetzt werden sollte.

Bei diesen sogenannten Entscheidungsunterstützungssystemen wird ein Konzept verfolgt, das weg vom starren *MIS* Berichtssystem hin zum interaktiven Managementunterstützungssystem führt.

Ein *EUS* verfolgt eine direkt entscheidungsunterstützende Intention und erzeugt, im Gegensatz zu den *MIS*, auch zukunftsorientierte Daten.

Aufgrund des Modellcharakters eigneten sich diese Systeme zur Unterstützung einzelner Fachabteilungen bei der Problemdefinition, Planung und Auswahl von Alternativen. Nachteil des modellorientierten Charakters bei *EUS* ist die fehlende Flexibilität, die für die Akzeptanz auf der obersten Managementebene notwendig ist.

Decision Support System (*DSS*) wird synonym mit dem Begriff *EUS* verwendet.

3.1.3. Führungsinformationssysteme (FIS / EIS)

FIS sind in den achtziger Jahren entwickelte, präsentationsorientierte Programme, die unternehmensbezogene Daten zielgruppenorientiert und verdichtet darstellen konnten.

Aufgabe dieser Programme ist die Versorgung der Unternehmensführung mit, für die Durchführung der vielfältigen Planungs-, Steuerungs- und Kontrollfunktionen, relevanten Informationen. Damit erweitern *FIS* die Darstellung der Systeme zur Entscheidungsunterstützung um eine unternehmensorientierte Sichtweise.

Im Gegensatz zur Betonung der Problemorientierung der *EUS* sind *FIS* präsentationsorientiert.

Der Begriff Executive Information Systems (*EIS*) wird synonym verwendet mit *FIS*. Es ist darauf zu achten, daß Executive Information Systems nicht mit dem Begriff „Entscheidungsorientierte Informationssysteme" zu verwechseln sind.

Sämtliche oben aufgeführte Systeme sind weiterentwickelte Konzepte ihrer Vorgänger, so daß behauptet werden kann, daß alle heute existierenden entscheidungsunterstützenden Systeme ihren Ursprung in den während den sechziger Jahren entwickelten Konzepten haben, wobei sie den entscheidungsorientierten Charakter unterstützen wollen.

Folgende Grafik verdeutlicht diesen Zusammenhang:

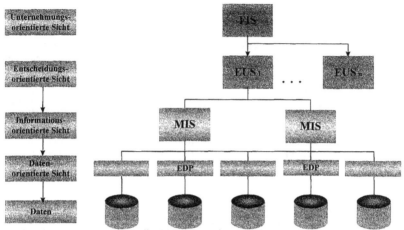

Quelle: Schnitzer, Bange, Wehner, Zeile - Management mit Maus und Monitor

Grafik 3: Aufbau und Abhängigkeiten entscheidungsunterstützender Konzepte

Die semantische Vielfalt der in der Vergangenheit verwendeten Schlagworte wie Management Informationssystem (*MIS*), Decision Support System (*DSS*), Entscheidungsunterstützungssystem (*EUS*), Führungsinformationssystem (*FIS*), dispositive Informationssysteme *(DIS)* usw. verdeutlichen auch die Erfolglosigkeit dieser Systeme.

Gründe hierfür lagen zu einem an der unreifen Technik und zum anderen an betriebswirtschaftlichen Mängeln der Konzepte. Führungskräfte wurden nicht als Mittelpunkt der Informationsversorgung gesehen und die zur Verfügung gestellten Informationen besaßen oft eine zu hohe Aggregationsebene. Die Technik stand zu sehr im Vordergrund.

Der aktuelle Entwicklungsstand der entscheidungsorientierten Informationssysteme (*EIS*), auch dispositive Informationssysteme (*DIS*) genannt, wird im Kapitel „Abgrenzung von EIS" unter dem Abschnitt „Aufgaben und Leistungsmerkmale" erläutert.

3.2. Abgrenzung von EIS

3.2.1. Aufgaben und Leistungsmerkmale

Dem Unternehmen Wettbewerbsvorteile zu verschaffen ist die Zielsetzung eines *EIS*. Dies wird normalerweise nicht durch das Anpassen der Software der Unternehmen einer Branche erreicht, sondern vielmehr durch die Stärkung der spezifischen und subjektiven Unternehmenskenngrößen.

Das vorhandene unternehmensspezifische, wettbewerbsrelevante Wissen ist ausschlaggebend für eine EIS-Lösung und muß deshalb auch in diese eingehen. Vorgefertigte Lösungen mit aufgezwungenen, implizit verdrahten Wissen sollten mit Vorsicht und Respekt betrachtet werden. Infolgedessen sind Standardlösungen, mit denen alle Unternehmen einer Branche über einen Kamm geschoren werden, denkbar ungeeignet.

In der Literatur besteht Uneinigkeit in der Verwendung und der Abgrenzung des Begriffs *EIS*. Im Rahmen der Diplomarbeit wird darunter ein System verstanden, daß sich aus den folgenden drei elementaren Komponenten zusammensetzt:

Die **unterste Ebene** umfaßt die Informationsspeicherung und -selektierung entscheidungsrelevanter Daten (*Data Warehouse*).

Die **zweite Ebene** umfaßt die entscheidungsorientierte Modellierung, Auswertung und multidimensionale Sicht der Daten (*On-Line Analytical Processing*).

Die **dritte Ebene** umfaßt die Analyse und Präsentation der entscheidungsorientierten Informationsbasis (*BIT*).

Diese drei Ebenen stellen keine konkurrierenden, sondern einander ergänzende Konzepte dar. Die auf dem Markt vorhandenen Produkte lassen sich nicht nach den drei oben genannten Komponenten kategorieren, manche Produkte lassen sich einer, zwei oder allen Komponenten zuordnen.

„So könnte beispielsweise auch in *COBOL* ein *EIS* entwickelt werden; nur ist der Aufwand ungleich höher als bei der Wahl eines hierfür besonders prädestinierten Werkzeugs."[1]

Es sollte stets beachtet werden, daß bei Komponenten eines *EIS* eine Betrachtung, Konzipierung und Realisierung einzelner Systeme nicht isoliert vorgenommen werden darf.

Ein jedes System oder auch Werkzeug gehört zu dem Gesamtbild der *EIS*, genau wie ein Manager bzw. seine Funktion nur einen Teil von dessen leistet, was zum Erreichen des Unternehmenszieles nötig ist.

---

[1] Schnitzer, Bange, Wehner, Zeile - Management mit Maus und Monitor, S. 71

3.2.2. Benutzergruppen

„Ein *Data Warehouse* für sich allein ist dennoch tote Materie. Erst über seine Benutzer entfaltet es seine Wirkung."[2]

Ein *EIS* existiert nicht für einen bestimmten Benutzerkreis im Unternehmen, also etwa nur für Manager oder nur für das Marketing, sondern steht allen informationsbenötigenden Aufgabenträgern und Leistungsbereichen im Unternehmen zur Verfügung. Dies bedeutet nicht, daß jede Information jedem zugänglich ist. Lediglich steht jedem die Information zur Verfügung, die er benötigt.

Heute werden *EIS* nicht mehr ausschließlich für Top Managementkreise eingesetzt. Auch Upper Managementkreise - die „normalen" Anwender - nutzen diese Systeme. Hintergrund ist nicht die starre Berichterstattung wie vor 30 Jahren mit *MIS*, sondern vielmehr der Wandel der Benutzergruppen und deren Unterstützung bei ihrer Entscheidungsfindung. Drei Benutzergruppen kristallisieren sich heraus:[3]

Case-Worker
Case-Worker stellen den wertschöpfenden Mitarbeiter in einem Prozeßteam dar. Sie verarbeiten im operativen Tagesgeschehen Detailinformationen über Geschäftsprozesse und -objekte sowie deren Kosten, verbrauchte Ressourcen und Entwicklung über die Zeit. Bei der Verarbeitung der Detailinformationen wird ihm durch ein *EIS* die Möglichkeit geschaffen, seine Arbeit in einer tayloristisch-fernen Art und Weise zu erledigen.

Knowledge-Worker
Knowledge-Worker auch Business Area Analysts genannt, haben die Aufgabe der Entscheidungsvorbe-reitung, wie z.B. das Untersuchen der vorhandenen und neuen Geschäftsfelder. Der Knowledge-Worker experimentiert i.d.R. mit Daten, von denen er vornherein nicht weiß, welche von ihnen für ihn wesentlich sind. Sie schürfen in den Daten nach neuem Wissen und sind dafür verantwortlich, dieses zugänglich zu machen, indem sie unter anderem dokumentieren, auf welchem Weg sie zu ihrem Ansatz gekommen sind. Damit dient ihre Aufgabe auch als Grundlage für die Aufgabenbereiche der anderen beiden Benutzergruppen. Dafür haben die Knowledge-Worker ein besonderes Privileg - sie dürfen das *Data Warehouse* verändern, allerdings nicht die Basisdaten und nicht die Grundstruktur.

Executives
Executives sind vornehmlich Manager, Entscheider und Planer aus den verschiedensten Unternehmensbereichen. Sie benötigen für strategische Entscheidungen Informationen über Zusammenhänge zwischen Markt und Leistungsangebot, also zusammengefaßte Sichten auf Unternehmensdaten. Für Koordinations- und Steuerungsaufgaben müssen ihnen Standard- und Ausnahmeberichtswesen mit Statistiken, Kennzahlen etc. sofort und flexibel zur Verfügung stehen. Personen dieser Benutzergruppe wollen steuern können, welche Auswertung sie erhalten. Dafür sollte eine komfortable Benutzeroberfläche bereitgestellt werden, die es ermöglicht, durch die Auswertungen zu navigieren. Sie sollte hinsichtlich ihrer Darstellung und ihrer Parameterbereiche veränderbar sein.

---

[2] Zinke - Data Warehouse - Skript zum Folienvortrag, S. 42
[3] lt. Mucksch – Das Data Warehouse-Konzept

3.2.3. Der Markt

Eine exakte Abgrenzung des Leistungsumfangs der Systeme und deren Zielgruppen ist nicht möglich, woraus sich auch eine zögernde Akzeptanz der Unternehmen ableiten läßt.

Ein Vergleich der Produkte ist kaum durchführbar, da verwendete Schlagworte gedruckter Produktbeschreibungen nahezu identisch sind, die Variation der Produkte in Leistung und Preis jedoch immens erscheinen. Entsprechende Werkzeuge sind in einem Preisbereich von weniger als 10 Tausend DM bis mehr als 1 Million DM erhältlich.

Ein Produktvergleich ist deshalb sehr aufwendig und kostenintensiv.[4] Diese Vergleiche liefern in der Regel keine Aussagen über die unternehmensspezifische Eignung, sondern stellen eher die Facetten des EIS-Marktes dar.

Das entscheidende Kriterium für den Erfolg der *EIS* ist die Akzeptanz im Unternehmen. Subjektiv gesehen, dominiert von den drei Komponenten der Bereich *BIT*, während *OLAP* und *Data Warehouse* eine wichtige aber keineswegs entscheidende Rolle spielen. Hintergrund für diese Gewichtung ist die These, daß die Akzeptanz der BIT-Werkzeuge der entscheidende Erfolgsfaktor eines EIS-Projektes ist.

Allerdings ist es eine Tatsache, daß weit mehr als 50% des Aufwands und der Kosten in einem EIS-Projekt alleine durch den Bereich *Data Warehouse* verursacht wird.

Zahlreiche große und kleine Anbieter teilen sich den EIS-Markt. Einen deutlich erkennbaren Marktführer gibt es nicht.

---

[4] lt. Schnitzer, Bange, Wehner, Zeile - Management mit Maus und Monitor

3.3. Erfolgsfaktoren

Die Einführung eines *EIS* bringt für ein Unternehmen nicht von vornherein einen eindeutig quantifizierbaren Nutzen, er ist von der Situation des Unternehmens abhängig. Bedeutend ist die langfristige Auswirkung eines *EIS*, welche beispielsweise an bestimmten Kennzahlen für das Geschäftsergebnis verdeutlicht werden kann. Die Tatsache, daß ein *EIS* indirekt wirkt und sein Nutzen nur langsam zu keimen beginnt, macht die Quantifizierung des Nutzens schwierig. Hinzu kommt, daß die tatsächliche Entwicklung mit einer hypothetischen Entwicklung verglichen werden muß, die ohne Einsatz eines *EIS* eingetreten wäre (oder umgekehrt).

Die Vorteile oder Veränderungen, welche sich aus der Implementierung eines *EIS* ergeben, setzen sich unter anderen aus den Vorteilen der einzelnen Komponenten zusammen. Es ist ein Fehler einzelne Systeme, wie beispielsweise *FIS*, isoliert zu betrachten, zu konzipieren und zu realisieren.

Ein optimaler Nutzen wird i.d.R. bei der Realisierung des gesamten Konzeptes und nicht nur einzelner Komponenten erreicht.

Dementsprechend lassen sich folgende Erfolgsfaktoren darstellen:

- **Reduzierung der Entscheidungszeiten**
  Informationen werden, begonnen an dem „Ort" wo sie entstehen, von einem Benutzer an den nächsten - bis zum Manager - weitergegeben. Jeder Aufgabenträger wertet die Daten aus, beurteilt und aggregiert sie zu entscheidungsrelevanten Informationen. Dies hat den Vorteil, daß nachfolgende Aufgabenträger schnell zielgruppenadäquate, unternehmensbezogene Informationen bereitgestellt bekommt. Diese sind flexibel, d.h. sie können beliebig weiterverarbeitet, ausgewertet usw. werden. Dadurch wird eine

- **Erhöhung der individuellen Entscheidungen**
  hinsichtlich des(r) Unternehmenszieles(e), eine daraus resultierende

- **stärkere Identifizierung der Mitarbeiter mit dem Unternehmen** sowie eine

- **Transparenzsteigerung und Objektivierung von Entscheidungen** und eine

- **verbesserte Koordination der Organisationseinheiten** erreicht.

Die Fehler- und Schwachstellenanalyse im Rahmen einer EIS-Implementierung kann sogar so wertvoll sein, daß sich allein deshalb der Aufwand eines *EIS* lohnt.

Wird die Gesamtheit der Erfolgsfaktoren betrachtet, so kommt es durch den Einsatz von entscheidungsorientierten Systemen zu Wettbewerbsvorteilen und zu einer Stärkung der Ertragskraft des Unternehmens.

3.4. Einsatzbeispiele

3.4.1. Unternehmerische Aspekte

Ein erfolgreicher Unternehmer muß ein vielseitiges Instrumentarium mit gegensätzlichen Anforderungen beherrschen. Beispielsweise muß die richtige Sortimentsbreite entsprechend der Kundenwünsche gefunden werden und dies bei möglichst geringem Lagerbestand. Preise müssen, bei gleichbleibender Qualität der Produkte, marktgerecht gesenkt werden. Die Dienstleistungen und der Kundenservice müssen verbessert werden und das bei angestrebten geringeren Personalkosten.

Mit dem Anspruch, diese Herausforderungen zu bewältigen, steigt der Bedarf an Informationen.

Die kreative Auswertung und Analyse relevanter Daten unter Zuhilfenahme eines *EIS* mit unterschiedlichen Fragestellungen bzw. Abfragen liefert die notwendigen Informationen zur Entscheidungsunterstützung.

Unternehmen können auf Basis detaillierter Daten, so wie sie ein *EIS* bereitstellt, folgende Themen bearbeiten:

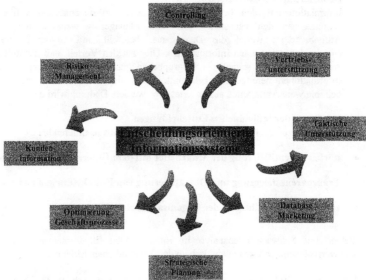

Quelle: eigenständiger Entwurf

Grafik 4: Branchenunabhängige EIS-Einsatzbeispiele und Zielbereiche

Nicht alle der ausgewählten Zielbereiche sind in den einzelnen Branchen gleichermaßen relevant. Für spezielle Branchen bestehen mehr oder weniger prädestinierte Zielbereiche. Genauere Werte über die Relevanz gibt das folgende Kapitel: „Branchenthemen".

3.4.1.1. Database-Marketing

Die individuelle Betreuung des Kunden durch das Unternehmen wird Database-Marketing oder „Relationship Marketing" genannt. Viele Unternehmen legen heute Wert darauf, ihre Kunden persönlich zu kennen. Beispielsweise dienen Kundenkartenprogramme oder Scannerkassen diesem Ziel. Scannerkassen gestatten, die Kauftransaktionen bis ins Detail aufzuzeichnen. Der Einsatz einer Kundenkarte beim Einkaufen ermöglicht es, den Kunden besser kennenzulernen. Andere Branchen wie Banken oder Telefongesellschaften zeichnen oft jede Transaktion von Haus aus elektronisch auf.

Das Potential an supplementären Geschäftsmöglichkeiten mit Hilfe solcher Informationen ist gigantisch. Voraussetzung dafür ist die Zuordnung der Daten zu den einzelnen Kunden und die Bereitstellung dieser für alle Mitarbeiter, die im Unternehmen mit Kunden zu tun haben.

3.4.1.2. Kundeninformation

Die Daten des Konsumenten werden durch Kundeninformationssysteme, welche heute nicht nur Kundennummern und -adressen verwalten, sondern Kunden und Interessenten nach den für das Unternehmen interessanten Gesichtspunkten beschreiben, bereitgestellt. „Schon die Adreßverwaltung ist heute viel intelligenter als früher. Beispielsweise können mit einem Neuronalen Netz Adreßdubletten identifiziert und Haushaltszugehörigkeiten erkannt werden. Clusteranalysen spüren Kundengruppen auf, die für spezielle Angebote interessant sind."[1]

3.4.1.3. Risiko – Management

„Ein Risiko-Management, wie es amerikanische Kreditkartenanbieter betreiben, macht die Geschäftsrisiken im Massengeschäft berechenbar. Einige Stichworte dazu sind: Risikomanagement versus Risikovermeidung, . . . Risikomodelle, Musterprofile ‚guter' und ‚schlechter' Kunden, Frühwarnsystem, Ermittlung der Netto-Ausfallquote."[2]

3.4.1.4. Vertriebsunterstützung

Systeme zur Vertriebsunterstützung leisten dem Management eine Berichterstattung über die Verkaufsaktivitäten. Sie liefern durch einen Soll-Ist-Vergleich eine Sicht darauf, wie gut oder wie schlecht das Unternehmen in der Umsetzung der Umsatzplanung liegt.

Ein Vertriebsobjekt durchläuft bei einem komplexen Vertrieb mehrere Phasen. Ein Vertragsabschluß beim Kunden geschieht nicht auf einem Schlag, sonder reift in einem Prozeß heran. In vielen Phasen stützt sich der Vertriebsvorstand dabei auf die „Meinung" und das Wissen seiner Mitarbeiter. Er erhält mit einem Vertriebs-Informationssystem, das auf der unternehmensspezifische Vertriebsstruktur basiert, Frühindikatoren, welche ihm Abweichungen von den Planwerten anzeigen.

---

[1] Zinke - Data Warehouse - Skript zum Folienvortrag, S. 47
[2] Zinke - Data Warehouse - Skript zum Folienvortrag, S. 47

3.4.1.5. Controlling

Ein Controlling-System liefert Informationen über die Kosten und den Ressourcenverbrauch und deren Abweichung vom Plan. Wie beim Vertrieb liegt der Fokus hier auf dem Vergleich von Planzielen mit Istwerten. Allerdings kann ein Controlling-System mehr liefern als die verbrauchsgerechte Aufschlüsselung der Gemeinkosten.[3]

3.4.2. Branchenthemen

3.4.2.1. Banken und Versicherungen

- Der Einsatzbereich Kundeninformation ist bei Banken zu 69% relevant[4], Finanzdienstleister dagegen legen ihren Schwerpunkt für den Zielbereich eines *EIS* im Marketing (zu 77%).[5]

- Zielgruppenmarketing und -vertrieb
  Auswertungen über das Anlageverhalten des Kunden, der Einkommensklassifizierungen sowie der endenden Verträge / Terminsituationen sind denkbar.

- Zweigstellen-Informationssysteme ermöglichen die Reduzierung der Bargeldmenge.

- Risikomanagement
  In diesem Bereich kann ein *EIS* zur Bestimmung des Kredit- und Anlageverhalten des Kunden eingesetzt werden.

- Selbstbedienungssysteme
  Durch den Einsatz von Selbstbedienungssystemen und der Nutzung Ihrer Daten läßt sich die zeitliche Verteilung der Beanspruchung sowie eine Klassifizierung der Abhebungsbeträge vornehmen.

3.4.2.2. Konsumgüterindustrie

- Logistik und Auftragsabwicklung

- Produktentwicklung

- Zielgruppenmarketing
  Es werden Statistiken und Auswertungen über das Kaufverhalten des Kunden und über dessen Einkommensklassifizierungen geschaffen.

- Kundendienst
  Reklamationen und Garantieansprüche werden effizienter bearbeitet. Kundentermine können korrekt und präzise vergeben werden. Kritische Produkte lassen sich leicht erkennen, so daß sie entweder durch werbestrategische Maßnahmen gefördert oder ganz eliminiert werden.

---

[3] vgl. Zinke - Data Warehouse - Skript zum Folienvortrag
[4] Quelle: Meta Group, 1996
[5] Quelle: Meta Group, 1996

3.4.2.3. Öffentliche Verwaltung

- Stadtentwicklung
  Statistiken und Trends für das Bevölkerungswachstum und einer Vielzahl damit zusammenhängender Entwicklungen sowie das Aufzeigen der Sozialstruktur einzelner Stadtviertel sind realisierbar.

- Zahlungsverkehr
  Im Zahlungsverkehr lassen sich Geldreserven wie auch Zahlungsströme (Rabatte, Konditionen) ermitteln.

- Logistik und Verteilung

- Finanz- / Etatplanung
  Die Finanz- und Etatplanung ist ein besonders interessanter Punkt der öffentlichen Verwaltung in Hinblick der Gebührenentwicklung, des Steueraufkommens, der Zinsen und Kredite sowie deren Entwicklung und der Analyse sozialer Leistungen.

3.4.2.4. Telekommunikation

- Kundenprofil
  Im Rahmen eines Kundenprofils kann die Nutzung diverser Kommunikationswege und somit die Tarifgestaltung und -findung unterstützt werden. Eine Verteilung der Gespräche für Nah-, Regional- und Ferngespräche ist Grundlage vieler wichtiger Entscheidungsprozessse.

- Kundenabrechnung
  Bei der Kundenabrechnung ist es denkbar, eine regionale und zeitliche Aufschlüsselung vorzunehmen. Eine Kategorisierung über die Nutzung verschiedener Dienstleistungen ist möglich.

- Zielgruppenmarketing und Werbung
  Statistiken und Auswertungen über die „Nutzungsgewohnheiten" des Kunden sind denkbar. Daraus ergibt sich die Schaffung einer gezielten Angebotsunterbreitung (z.B.: PC-Banking)

- Die Kundeninformation ist mit 78% der hauptsächliche Zielbereich.[6]

---

[6] Quelle: Meta Group, 1996

3.4.2.5. Handel

- Die Vertriebsunterstützung ist mit einem Anteil von 93% größter und bedeutendster Zielbereich für den EIS-Einsatz.[7]

- Logistik

- Warenverteilungsmanagement
  Das Warenverteilungsmanagement gibt Vorschläge für die verschiedenen Möglichkeiten der Verwendung von Transportwegen. Hintergründe wie Kosten oder Zeit lassen sich flexibel betrachten.

- Selbstbedienungssysteme
  Durch Selbstbedienungssysteme werden unter anderem regionale Besonderheiten, eine Umsatzverteilung und eine Auswertung von „Renner"-„Ladenhüter" aufgezeigt.

- Lieferantenprofile
  Diese geben in geordneter, übersichtlicher Form einen Überblick über die Lieferfristen, die Angebotspalette, die Lieferbedingungen etc.

3.4.2.6. Verkehrsunternehmen

- Kundendienst
  Reklamationen werden effizienter bearbeitet. Kritische Bereiche und Dienste lassen sich leicht erkennen, eine Notwendigkeit entsprechender Konsequenzen wird aufgezeigt.

- Liniengestaltung
  Durch Auslastungsanalysen und Analysen zur Frequenz der Inanspruchnahme können gewinnoptimierende Anhaltspunkte geliefert werden.

- Ressourcenverwaltung

- Vielfliegerprogramme
  Durch das frühzeitige Erkennen von auslastungsschwachen Zeiten können mit Hilfe von Sonderprogrammen diese „Auslastungsdellen" effizient genutzt werden. Eine Herauskristallisierung einzelner Kundenklassifizierungen schafft die Möglichkeit der Erstellung „maßgeschneiderter" Sonderprogramme.

---

[7] Quelle: Meta Group, 1996

4. Data Warehouse

Jedes Unternehmen sollte sich als Ziel setzen, aus dem Chaos der Betriebsdaten eine einheitliche Struktur zu schaffen, welche jedem Anwender den Zugriff auf die Gesamtheit der zur Verfügung stehenden Daten ermöglicht.

Ein *Data Warehouse* stellt sich genau dieser Herausforderung. Doch läßt sich ein „schlüsselfertiges" *Data Warehouse* als Soft- und Hardwareprodukt nicht erwerben.

Ein *Data Warehouse* stellt jeweils ein Abbild oder genauer gesagt einen **Teil eines Abbildes eines Unternehmens** dar und muß folglich auf dessen Gegebenheiten angepaßt sein. In dieser Arbeit wird unter einem Data Warehouse-Konzept die erste Ebene eines EIS-Konzeptes verstanden, wobei ein EIS-Konzept die Gesamtheit der betroffenen Prozesse eines Unternehmens widerspiegelt. In der Praxis wird oftmals in diesem Zusammenhang unter dem Begriff „Data Warehouse-Konzept" das Gesamtprojekt, d.h. Datenselektion, Speicherung, Modellierung, Auswertung und Präsentation, verstanden.

4.1. Historie

Ausgangspunkt ist das Bestreben, den individuellen Informationsbedarf der Entscheidungsträger eines Unternehmens vorauszusehen und durch elektronische Systeme bereitzustellen.

Data Warehouse ähnliche Projekte wurden bereits Anfang der 80er Jahre präsentiert. Die Firma *IBM* z.B. stellte 1988 ein internes Projekt mit dem Titel "European Business Information System" (*EBIS*) vor, 1991 erhielt es den Titel "Information Warehouse Strategy". Als Ziel wurde die Versorgung autorisierter Aufgabenträger mit zuverlässigen, zeitrichtigen, genauen und verständlichen Geschäftsinformationen aus allen Unternehmensbereichen zum Zwecke der Entscheidungsfindung genannt. Für dasselbe Konzept entstanden in den 80er Jahren weitere Vokabeln wie Decision-Support System Foundation, Information Warehouse, Business Information Ressource, Reporting Database, Super-Database oder auch Data Supermarket.

William H. Inmon, Vizepräsident der Beratungsfirma Prism Technologies, ist der geistige Vater eines solchen Konzeptes. Er war es 1992, der den Begriff des "Data Warehouse" einführte. Etwa 1994 etablierte sich das Schlagwort Data Warehouse. Ab diesen Zeitpunkt wuchs der Markt in kürzester Zeit rasant an. Die meisten aller großen Software-firmen und Datenbankhersteller versuchen im Bereich Data Warehouse und dessen Umfeld tätig zu werden. Durch Kooperation mit bzw. Aufkauf anderer Unternehmen probieren diese zwei Branchen das breite Spektrum des Marktes abzudecken.

Keine Unternehmung möchte den rechtzeitigen Einstieg in diese vielversprechende Informationstechnologie verpassen. "Meta Group schätzt einen weltweiten Anstieg der Ausgaben für Systemintegration, Hard- und Software im Bereich Data Warehousing von 2,8 Mrd. (1995) Dollar auf 13 Mrd. Dollar (1998)."[1]

---

[1] Born - Alle wühlen mit. Großes Geschäft mit geordneten Daten, S. 130

4.2. Definition

"Ein *Data Warehouse* bezeichnet eine themenorientierte, integrierte, zeitbezogene und dauerhafte Sammlung von Informationen zur Entscheidungsunterstützung des Managements."[1]

Diese eng eingegrenzte Definition von William H. Inmon wurde mittlerweile von vielen Autoren um zusätzliche Bestandteile bzw. Funktionen ergänzt. *Data Warehouse* im weiteren Sinne umfaßt neben der eigentlichen Datensammlung und deren Verwaltung auch die Anbindung, Extraktion und Transformation der internen und externen Datenbestände.

Andere Definitionen lauten:

- „Ein *Data Warehouse* veredelt Rohdaten zu wertvollen Informationen auf der Basis einer filigranen Infrastruktur aus Prozessen und Softwareprodukten."[2]

- „Ein *Data Warehouse* stellt im Unternehmen oder einem Unternehmensbereich entscheidungsrelevante Daten aus unterschiedlichen Quellen in einer einheitlichen Systemumgebung dem Anwender zur Auswertung zur Verfügung."[3]

- „Mit dem Begriff *Data Warehouse* im engeren Sinne wird generell eine von den operationalen DV-Systemen isolierte Datenbank umschrieben, die als unternehmensweite Datenbasis für alle Ausprägungen managementunterstützender Systeme dient und durch eine strikte Trennung von operationalen und entscheidungsunterstützenden Daten und Systemen gekennzeichnet ist."[4]

4.3. Das Data Warehouse Konzept

Der Fokus des *Data Warehouse* liegt auf der effizienten Bereitstellung und Verarbeitung großer Datenmengen für die Durchführung von Auswertungen und Analysen in entscheidungsunterstützenden Prozessen.

Durch die besondere Qualität der Managementinformationen werden hohe Anforderungen an die Datenmodellierung gestellt. Ein *Data Warehouse* enthält historische und verdichtete Daten. Daraus folgt, daß im zugrundeliegenden Datenmodell mehr Dimensionen dargestellt werden müssen, als in den operativen Systemen. Das Datenmodell eines *Data Warehouse* unterscheidet sich von dem der operativen Systeme insofern, daß es aggregierte Daten, selektive Redundanzen und zeitliche Abhängigkeiten enthält.

Das klassische Instrumentarium der Datenmodellierung muß dementsprechend erweitert werden, um diese Elemente darstellen zu können. Die folgenden Merkmale kennzeichnen ein *Data Warehouse,* wobei sie sich auf die Datenhaltung beziehen.[5]

---

[1] Inmon, - Building the Data Warehouse, S. 25
[2] Hansen - Das Datawarehouse. Lösung zur Selbstbedienung, S. 35
[3] Lochte-Holtgreve - Planungshilfe für das Management, S. 24
[4] Mucksch - Das Data Warehouse-Konzept, S. 34
[5] vgl. Mucksch - Das Data Warehouse-Konzept, S. 37 ff.

4.3.1. Orientierung an den unternehmensbestimmenden Sachverhalten

Bei der Konzeption eines *Data Warehouse* steht eine rein datenorientierte Vorgehensweise im Vordergrund, wobei die innerbetrieblichen Abläufe und Funktionen für die Entwicklung der Datenbasis von untergeordnetem Interesse sind.

Sie dürfen aber nicht vernachlässigt werden, da Daten in einem gewissen Maß in betriebswirtschaftlicher bzw. fachlicher Sicht strukturiert und gespeichert werden.

4.3.2. Struktur- und Formatvereinheitlichung

Mit dem Data Warehouse-Konzept wird eine unternehmensweite Integration der Daten in einem einheitlich gestalteten System angestrebt.

Um eine konsistente Datenhaltung zu gewährleisten, werden im Rahmen der Datenübernahme folgende Maßnahmen durchgeführt:

- Für alle im *Data Warehouse* enthaltenen Daten müssen eindeutige Bezeichnungen vorliegen, welche in einem Meta-Informationssystem sowohl den Entwicklern als auch den Endbenutzern zur Verfügung gestellt werden.[6]

- Neben der Bereinigung der Datenfeldbezeichnungen sind auch die unterschiedlichen Datenformate anzupassen.

- Zur Herstellung der semantischen Integrität der Daten können Umsetzungstabellen angelegt werden, die beispielsweise die Währungsumrechnung unterstützen.

- Unterschiedliche Bezeichnungen mit demselben Inhalt müssen vereinheitlicht werden.

Dieses stellt die unterste Stufe der Aggregation, auch *Verdichtung* genannt, von Daten im *Data Warehouse* dar.

4.3.3. Zeitraumbezug

Zur Managementunterstützung werden Daten und Informationen benötigt, welche die Entwicklung des Unternehmens über einen bestimmten Zeitraum repräsentieren und zur Erkenntnis und Untersuchung von Trends herangezogen werden können. Daraus folgt, daß die zeitpunktgenaue Betrachtung von Daten, wie sie in operativen Systemen vorgenommen wird, eine untergeordnete Rolle spielt.

Ein Ansatz zur Herstellung des Zeitraumbezugs ist die Einbindung des betrachteten Zeitraums in die entsprechenden Schlüssel der Daten.

Die Schlüssel der einzelnen Datensätze aus den operativen Systemen werden bei der Datenübernahme in das *Data Warehouse* mit Zeitmarken versehen. Darüber hinaus kann der Endanwender den in einer Auswertung oder Analyse betrachteten Zeitraum frei bestimmen.

---

[6] vgl. Mucksch - Das Data Warehouse-Konzept, S. 38

Entsprechend ihrer Nutzung werden die im *Data Warehouse* gehaltenen Daten wie folgt eingeteilt:

- kurzfristige Nutzungsdauer

- mittelfristige Nutzungsdauer

- langfristige Nutzungsdauer

Das Speichern von Informationen mit einer langen Lebensdauer steht im Mittelpunkt eines Data Warehouse-Konzeptes, um somit einen möglichst großen Zeithorizont der zu analysierenden Daten zu erhalten. Hierbei kommt unter anderem den *Archivierungssystemen* eine gesonderte Rolle zu (siehe Kapitel: „Data Warehouse Managementsystem").

4.3.4. Zusammenwirken von Zeitraumbezug und Aggregation

Um historische Fakten zu erhalten, müssen stets aktuelle Daten in das *Data Warehouse* fließen („*In-Flow*"). Die Frequenz der Aktualisierung der Daten wird dabei zu großen Anteilen von den individuellen betriebswirtschaftlichen Anforderungen sowie den technischen Voraussetzungen des Unternehmens festgelegt.

Eine Aktualisierung sollte mindestens in einem Intervall von 24 Stunden geschehen, da bei einem kürzeren Rhythmus die Gefahr besteht, daß ein Entwickler in die Versuchung gerät, das *Data Warehouse* in ein operatives System zu verwandeln.

Um Daten zu gut verwertbaren Informationen aufzubereiten, werden sie mit der Zeit (Zeitdimension) gepaart. Auf dieser Art und Weise werden neue Aggregationsstufen erzeugt. Dieser Datenfluß wird „*Up-Flow*" genannt.

Daten einer hohen Aggregationsstufe besitzen eine hohe *Granularität*. Sehr detaillierte Informationen verfügen über eine geringe *Granularität*.

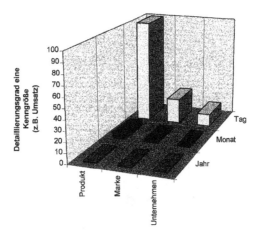

Quelle: Schnitzer, Bange, Wehner, Zeile - Management mit Maus und Monitor

Grafik 5: Verschiedene Aggregationsebenen

Wie das Diagramm zeigt, wird je nach Höhe oder Tiefe der Aggregationsebene der Anwender mit kleineren oder größeren Datenvolumina konfrontiert.

Bei der Aggregation von Daten ist es besonders wichtig, daß die Wahl der gewünschten Aggregationsebene ökonomisch ausgewogen erfolgt. Denn nicht nur der Anwender kann mit der eventuell entstehenden Komplexität oder Unübersichtlichkeit überfordert sein, vor allem die Verfügbarkeit der Hardware kann schnell an ihre Grenzen gebracht werden (siehe dazu Kapitel: „Komponenten eines Data Warehouse"). Ungünstig gestellte Abfragen können so eine Antwortzeit von einigen Minuten bis Stunden erzeugen.

4.3.5. Nicht-Volatilität

Der Begriff Volatilität beschreibt den Grad, mit dem sich Daten im Laufe der normalen Nutzung ändern. Die im *Data Warehouse* gespeicherten (historischen) Daten werden nach der erfolgreichen (fehlerfreien) Datenübernahme nur im Ausnahmefall aktualisiert oder verändert.

Aus diesem Grund können nahezu alle Datenzugriffe lesend erfolgen, um die Nicht-Volatilität der Daten sicherzustellen.
Durch die Nicht-Volatilität der im *Data Warehouse* gespeicherten Daten lassen sich alle erstellten Auswertungen und Analysen jederzeit nachvollziehen und reproduzieren. Erweiterungen der Datenbasis eines *Data Warehouse* sollten aus Konsistenz- und Integritätsgründen nur durch eine zentrale Stelle durchgeführt werden.

4.4. Data Warehouse Architekturansätze

Trotz der bestehenden und auch notwendigen Individualität einer jeden Data Warehouse-Lösung folgt nun ein Ansatz, die möglichen Architekturtypen zu gruppieren.

Es ergeben sich drei Architekturtypen:

- Virtuelles *Data Warehouse*

- Zentrales *Data Warehouse*

- *Data Mart*

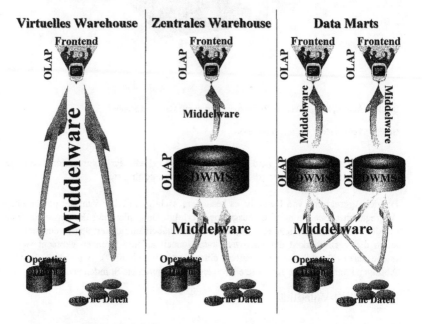

Quelle: Schnitzer, Bange, Wehner, Zeile - Management mit Maus und Monitor

Grafik 6: Data Warehouse-Architekturen

Die Grafik veranschaulicht die oben genannten Haupttypen der Data Warehouse-Architekturen, wobei nur eine sehr grobe Einteilung stattfindet.

Es gibt innerhalb dieser drei Typisierungen weitere Architekturen. Diese gehen jeweils aus einer Kombination der drei Data Warehouse-Typen und (oder) der Struktur der operationalen Unternehmenssysteme hervor.

4.4.1. Virtuelles Data Warehouse

Das Konzept des Virtuellen *Data Warehouse* sieht den direkten Zugriff der Endanwenderapplikationen auf die operativen Datensysteme vor.

Der Zugriff auf die operationalen Daten erfolgt nur lesend, damit wichtige Daten vor Änderungen geschützt sind.

Ein *Data Warehouse* ist im Sinne der gesonderten Datensammlung und -verwaltung nicht vorhanden, daher der Begriff „virtuell".

Das Virtuelle *Data Warehouse* ist im *Frontend* integriert, welches aus datenspezifischen Treibern, einem Data Warehouse-Treiber, einem *Data Warehouse-Manager* und Endanwenderwerkzeugen besteht.

Der *Data Warehouse-Manager* besteht aus Programmen und Techniken, welche Daten bzw. Datenextrakte transparent für den Benutzer in vorher festgelegten Zeitintervallen von der Quellumgebung in die Zielumgebung überführen und darstellen.

Stärken des Virtuellen *Data Warehouse* sind:

- die schnelle und kostengünstige Realisierung,

- geringe Investitionen, die lediglich für die *Middleware* und die Abfragewerkzeuge nötig sind und

- die erwünschte Multidimensionalität, die durch die Endanwenderwerkzeuge gewährleistet wird.

Zusammengefaßt:

Die kurze Projektdauer und das geringe Investitionsrisiko eines Virtuellen *Data Warehouse* machen es besonders für den Data Warehouse-Einstieg oder für kleine Zielgruppen mit begrenzten Datenmengen interessant.

Schwächen des Virtuellen *Data Warehouse* sind:

- eine mindere *Performance* im Vergleich zum Zentralen *Data Warehouse*,

- eine eventuelle Gefährdung des laufenden Produktionsprozesses oder zumindest eine zeitliche Beeinträchtigung des Antwortverhaltens,

- die fehlende Möglichkeit, Daten in transformierter und aggregierter Form zu speichern,

- die begrenzte Möglichkeit der Auswertung historischer Daten und

- die fehlende Möglichkeit, Daten zu kontrollieren und Fehler zu beseitigen.

4.4.2. Zentrales Data Warehouse

Im Gegensatz zur Architektur des Virtuellen *Data Warehouse* besitzt das Zentrale *Data Warehouse* eine physische Datenbasis - dieser Architekturansatz umfaßt das, was allgemein in der Literatur als *Data Warehouse* bekannt ist, wobei das Hauptmerkmal die zentrale Data Warehouse-Datenbank ist.

Das Zentrale *Data Warehouse* zeichnet sich ferner durch die Integration folgender Komponenten aus:

- Datenhaltungssystem

- *Data Warehouse Managementsystem*

- Abfrage- und Auswertungssysteme

Die oben genannten Komponenten liegen zentral auf einem Server, wodurch die Verwaltung der Datenbestände und die Auswertungen nicht mehr auf dem *Frontend* erfolgen.

Stärken des Zentralen *Data Warehouse* sind:

- das Wegfallen der Synchronisation zwischen *Frontend* und OLTP-System (der Begriff *OLTP* wird im Kapitel „On-Line Analyticalk Prodessing erläutert) und die zusätzliche Speicherung des Datenmodells,

- die erhebliche Reduzierung der Netzbelastung,

- die Speicherung historischer Daten weit über den historischen Zeitraum der operativen Systeme hinaus und

- die geringe Störung der operationalen Systeme.

Schwächen des Zentralen *Data Warehouse* sind:

- die zusätzliche Bereitstellung eines neuen Datenhaltungssystems und die damit verbundenen hohen Investitionskosten für die Soft- und Hardware und

- die hohen Personalkosten, die im Gesamtbudget eines Zentralen *Data Warehouse* etwa 10% bei der Systemintegration und 38% bei der - administration betragen.[1]

---

[1] Quelle: Gartner Group

4.4.3. Data Marts

Ein *Data Mart* ist ein subjekt- oder abteilungsspezifisches *Data Warehouse*, wobei die Daten auf mehreren kleinen *LAN*-basierten *Data Warehouse* Servern (*Data Marts*) verteilt werden.

Grundgedanke der *Data Marts* ist die dezentrale und größtenteils unabhängige Haltung von Abteilungsdaten, wobei diese vor Ort liegen.

Kenntnisse über die sinnvolle Verteilung der Daten und deren Auswirkung auf *Performance* und Speicherkapazität sind von großer Bedeutung.

Stärken der *Data Marts* sind:

- die Replikation von Datenbeständen für örtlich verteilte Unternehmen,

- die Eignung für Fachabteilungen, die eigene, spezielle Daten benötigen und

- die Performancesteigerung gegenüber dem Zentralen *Data Warehouse* durch kleinere Datenbanken und dezentrale Datenhaltung.

Schwächen der *Data Marts* sind:

- die mögliche Problematik der Synchronisation sowohl zwischen Quelldaten und *Data Marts*, als auch zwischen den einzelnen *Data Marts* und

- die wachsende Komplexität der gesamten Architektur (bei wachsender Vernetzung der einzelnen *Data Marts*).

4.4.4. Einsatz verschiedener Data Warehouse-Architekturen

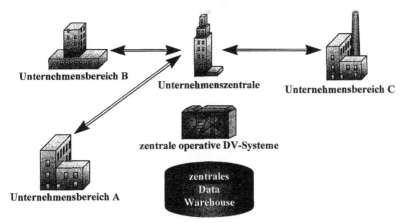

Quelle: Mucksch - Das Data Warehouse-Konzept

Grafik 7: Zentrales *Data Warehouse* basierend auf einem zentralem operativen *DV* System

Grafik 7 stellt die Realisierung eines Zentralen *Data Warehouse* auf der Basis eines zentralen operativen Systems dar.

Alle Vorteile eines Zentralen *Data Warehouse* wie ein unkomplizierter Zugriff auf Daten aller Unternehmensbereiche, geringe Netzbelastung usw. kommen zur Geltung.

Als nachteilig erweisen sich die erschwerten oder teils unmöglichen Datenzugriffe ausgegliederter Unternehmensbereiche und die eventuell fehlende entscheidungsträger-spezifische Bereitstellung der Daten.

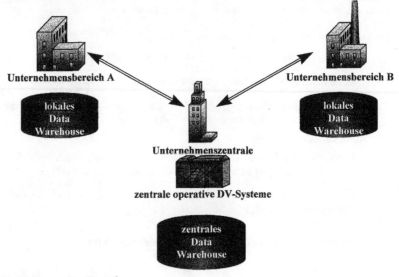

Quelle: eigenständiger Entwurf

Grafik 8: *Data Marts* (mit zentralem *Data Warehouse*) basierend auf zentralen operativen Systemen

Um einzelnen Aufgabenträgern oder Abteilungen entscheidungsrelevante Daten zur Verfügung zu stellen, könnte die in Grafik 8 veranschaulichte Lösung angedacht werden.

Auch ausgegliederte Unternehmensbereiche haben, abhängig von ihrer geographischen Lage, so eher die Möglichkeit, auf Informationen aus dem *Data Warehouse* zuzugreifen. Selbstverständlich muß die Frage gestellt werden, inwiefern ein solches Konzept sich als sinnvoll erweist.

Weiterhin sollte folgende Frage nicht außer acht gelassen werden: Wie gut sind die Kenntnisse der Mitarbeiter über den Umgang solcher Systeme in den Unternehmensbereichen, in denen es bisher keine vernetzten operativen Systeme gab?

Der Kostenfaktor ist bei dieser Lösung besonders ausschlaggebend.

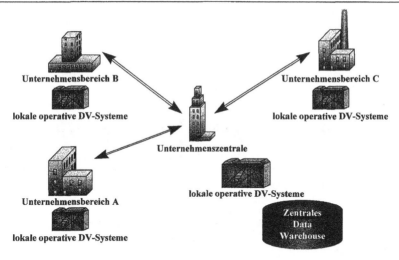

Quelle: Mucksch - Das Data Warehouse-Konzept

Grafik 9: Zentrales *Data Warehouse* basierend auf dezentralen, lokalen operativen Systemen

Bei einer dezentralen Gliederung der operativen Systeme (siehe Grafik 9) kann ein Zentrales *Data Warehouse* dieselben Vorteile bringen, wie sie oben beschrieben wurden. Oftmals wird diese Lösung als Ausgangspunkt einer Data Warehouse-Implementierung, basierend auf einem vorhandenen *Mainframe*, in Unternehmen genutzt, um diese später auf eine verteilte Struktur mit separaten Rechnerplattformen umzustellen, und so eine höhere Flexibilität, *Performance* und Verfügbarkeit zu erreichen.

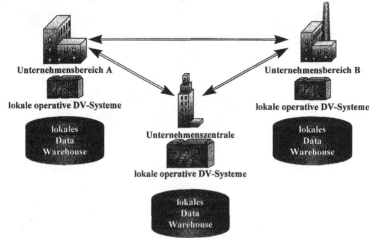

Quelle: Mucksch - Das Data Warehouse-Konzept

Grafik 10: Dezentrales *Data Warehouse* - *Data Marts* - basierend auf dezentralen operativen Systemen

Wie bei der vorhergehenden Grafik schon angesprochen, bietet das Konzept einer vollständig verteilten Data Warehouse-Struktur die Vorteile der höheren Verfügbarkeit, Flexibilität und *Performance*.

Weiterhin wird eine Unabhängigkeit der Benutzer vom zentralen *DV* Bereich verwirklicht. Auch hier spielen die Vorkenntnisse der Mitarbeiter über derartige Systeme eine nicht zu vernachlässigende Rolle.

Ein Nachteil ergibt sich aus der erhöhten Belastung des *Data Warehouse* und des Netzwerkes, welches sich in der Unternehmenszentrale befindet. Dies geht daraus hervor, daß Netzwerkbelastungen aufgrund von unternehmensweiten Auswertungen in der Regel von der Unternehmenszentrale aus durchgeführt werden und alle Daten von den verteilten Systemen abgerufen werden müssen.

Dieser Nachteil wird durch die Erweiterung des Konzeptes um eines in der Unternehmenszentrale befindlichen globalen *Data Warehouse* kompensiert (siehe Grafik 11: *Data Marts* und globales *Data Warehouse* basierend auf dezentralen operativen Systemen).

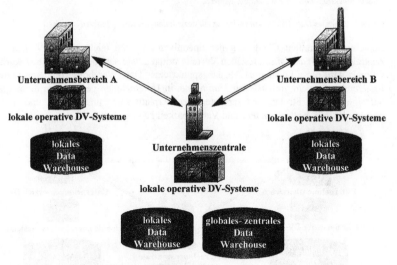

Quelle: Mucksch - Das Data Warehouse-Konzept

Grafik 11: *Data Marts* und globales *Data Warehouse* basierend auf dezentralen operativen Systemen

Daten für unternehmensweite Auswertungen und Analysen werden zentral im globalen *Data Warehouse* gespeichert, wobei sie eine hohe *Granularität* aufweisen sollten.

Nachteilig bei allen dezentralen Data Warehouse-Strukturen ist der aufwendige Verwaltungsaufwand der Daten, das sehr komplexe Datenmodell und eine erhöhte Netzbelastung.

Unabhängig davon welche Variante des Zentralen *Data Warehouse* angewandt wird, stellt diese Architektur, die von den Unternehmen meist genutzte Form dar.

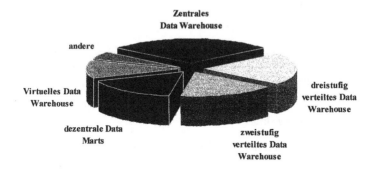

Quelle: Meta Group Deutschland GmbH

Grafik 12: Geplante Data Warehouse-Architekturen verschiedener Unternehmen

Das Diagramm schematisiert eine prozentuale Aufteilung der geplanten Data Warehouse-Architekturen. 215 Unternehmen, die in naher Zukunft ein *Data Warehouse* erstellen wollen, wurden nach ihren konkreten Plänen befragt. [2] Eine genaue Darstellung der einzelnen Anteile wurde vernachlässigt, da die Grafik lediglich einen allgemeinen Überblick geben soll.

Die bevorzugten Architekturformen sind die eines Zentralen *Data Warehouse* und diejenigen, die auf einem Zentralem *Data Warehouse* basieren, wie das „zweistufig verteilte" und „dreistufig verteilte".

Unter dem „zweistufig verteilten" *Data Warehouse* wird ein Konzept verstanden, in dem die zentrale Basis um ein oder mehrere *Data Marts* erweitert wird.

Das „dreistufig verteilte" Konzept sieht außerdem noch eine weitere lokale Datenbank auf dem *Frontend* (*Fat Client*) oder auf einem OLAP-Server (*Thin Client*) zur Datenspeicherung und -modellierung vor. Aufbau, Funktionen und Hintergründe zu dieser Architektur werden später unter dem Kapitel: „Online Analytical Processing" erläutert.

---

[2] Quelle: Meta Group Deutschland GmbH, 1995

4.5. Komponenten eines Data Warehouse

Ein idealtypisches *Data Warehouse* umfaßt die Komponenten der **Datenbasis**, bestehend aus den Datenquellen und *Metadaten*, die **Data Warehouse Managementsoftware**, bestehend aus *Data Warehouse Managementsystem*, *Archivierungs-* und *Metadatenbanksystem* sowie Extraktions- und Transformationswerkzeugen. Basis für die Existenz dieser Komponenten ist die Hardware.

Die „Back Room" Komponente eines *EIS*, zusammengesetzt aus der zentralen Data Warehouse-Hardware, der relationalen Datenbanksoftware und den Daten selbst, macht 60% der Investitionen aus, die für ein erfolgreiches *EIS* benötigt werden. Die übrigen 40% bilden die Gruppe der OLAP- und Frontend-Tools. Diese Tatsache verdeutlicht, warum die Betonung bei der Auswahl und Implementierung eines *EIS* auf der Data Warehouse-Komponente liegen sollte.

4.5.1. Ursprung und Fundus der Daten

Den Kern des Data Warehouse-Konzeptes bildet eine Datenbasis, die sowohl aktuelle als auch historische Daten beinhaltet.

Es gibt zwei Gruppen Datenquellen, die in eine Data Warehouse-Umgebung einfließen können:

- interne Daten

- externe Daten

Jede Art von Datenbestand kann eine Datenquelle darstellen. Das Format der Daten kann strukturiert (Zahlen, Text) oder unstrukturiert (Bilder, Ton, Animation und Video) sein, und sie können in hierarchischen, netzwerkartigen, relationalen, multidimensionalen oder objektorientierten Datenbanken oder in Dateien vorliegen.

Nicht selten sind Informationen redundant auf mehreren Datenträgern aufbewahrt. Eine der wichtigsten und zugleich kritischsten Funktionen des *Data Warehouse* ist es, diese internen und externen Daten in einer Data Warehouse-Datenbank zu integrieren.

4.5.1.1. Interne Daten

Interne Daten (im allgemeinen gleichzusetzen mit operativen Daten) sind meistens über eine Vielzahl von Datenbanken verteilt. In den meisten Unternehmen existiert eine Vielfalt von Datenbanksystemen, da die Unternehmen oftmals in den einzelnen Geschäftsbereichen, Werken und Geschäftsstellen jeweils eigene Systeme installiert haben.

Beispielsweise kann ein Großunternehmen mit einer ausgereiften Informationstechnologie zwischen dreißig und vierzig transaktionsorientierte Informationssysteme besitzen. Da diese Systeme i.d.R. auf verschiedenen Datenbanktypen gehalten werden und auch verschiedene Datenstrukturen bestehen, liegt ein System von heterogenen, internen Datenquellen vor.

Trotz erhöhtem Aufwand ist die Ausgliederung der entscheidungsunterstützenden Daten und Systeme von den operationalen DV-Systemen nötig, da die Datenstrukturen operationaler DV-Systeme an betriebswirtschaftlichen Abläufen und Funktionen ausgerichtet sind. Diese Datenstrukturen sind für managementunterstützende Systeme weniger geeignet. Neben detaillierteren Daten beinhaltet das Data Warehouse-Konzept damit die Erzeugung, Verarbeitung und Speicherung aggregierter Daten auf unterschiedlichen Verdichtungsebenen.

4.5.1.2. Externe Daten

Externe Daten sind Informationen, die nicht direkt mit einer Unternehmung in Verbindung stehen. Die wirtschaftliche Bedeutung externer Daten für ein Unternehmen nimmt immer mehr zu.

Eine mögliche Unterscheidung verschiedener Arten externer Daten ist folgende:

* Konkurrenzdaten

* Wirtschaftsdaten

* Industriedaten

* Kreditdaten

* Warendaten

* und andere . . .

Die meisten Unternehmen gründen ihr *Data Warehouse* auf Basis der internen Informationen, da diese bereits vorhanden und strukturiert sind. Externe Daten liegen im Gegensatz zu internen Daten oft in unstrukturierter Form vor und sind wesentlich schwerer zu beschaffen.

Neben Marktforschungsinstituten, Online-Datenbanken und CD-ROM-Datenbanken steht mit dem Internet ein weltweites Informations- und Kommunikationssystem zur Verfügung, womit sich Unternehmen mit Fremdinformationen versorgen können.

4.5.1.3. Metadaten

Einfach ausgedrückt sind dies die Daten über die Daten. *Metadaten* sind gesammelte Informationen, welche die Daten und Prozesse eines Unternehmens beschreiben. Sie werden im logischen, physikalischen und konzeptionellen Umfeld benötigt. Sie entstehen hauptsächlich aus den Regeln, Zuordnungen und Definitionen, die aus den Transformations- und Extraktionsprozessen resultieren. Diese Informationen besitzen zwei Schwerpunkte:

Auf der einen Seite dienen sie dem Administrator zur Unterstützung des Extraktionsprozesses für das *Data Warehouse*. Die *Data Warehouse Managementsoftware* verfolgt woher die Daten stammen, liefert eine chronologische Aufzeichnung des Umwandlungsprozesses und speichert die Daten. So ist für eine dynamische Verwaltung der *Metadaten* gesorgt.

Auf der anderen Seite erhalten Endbenutzer die Möglichkeit herauszufinden, welche Daten sich im *Data Warehouse* befinden, welche Bedeutung und welchen Ursprung sie besitzen. Eine *Metabase* dient dem Anwender zur leicht verständlichen Beschreibung der *Metadaten* hinsichtlich deren Bezug, Definition und Einsatz und ist gemeinsam mit den *Metadaten* Grundlage für ein *Metadatenbanksystem*, welches Bestandteil des *Data Warehouse Managementsystem* ist. In dem gleichnamigen Kapitel wird das dieses näher beschrieben.

Metadaten können Kommentare, Beschreibungen der Datenformate und des -modells, Strukturdaten des *Data Warehouse* selbst, Namenskonventionen, Aktualisierungszyklen, Aggregationsstufen, Berechtigungen u.ä. sein und sind für die gesamte Data Warehouse-Architektur eines Unternehmens im *Information Directory* enthalten. Das *Information Directory* wird meistens als *Repository* bezeichnet.

4.5.2. Data Warehouse Managementsoftware

Data Warehouse Managementsoftware (*DWMS*) ist ein Oberbegriff für einzelne Systeme und Tools, welche unmittelbar in Zusammenhang mit dem *Data Warehouse* stehen. Sie setzt sich aus dem Data Warehouse Managementsystem (*DWMS*) sowie verschiedenen Extraktions- und Transformationstools zusammen.

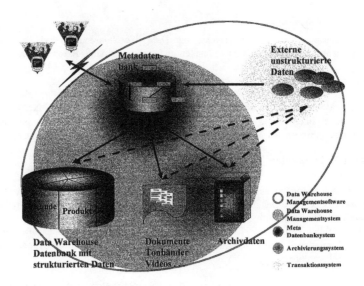

Quelle: eigenständiger Entwurf

Grafik 13: Systeme und Daten eines *Data Warehouse*

4.5.2.1. Extraktions- und Transformationswerkzeuge

Der Prozeß der Extraktion und Transformation der Daten folgt dem analytischen Prozeß zur Erstellung des Datenmodells.

Die Originaldaten werden bearbeitet und in das spätere Data Warehouse-Format überführt. Es ist möglich, daß Datensätze umorganisiert, aggregiert, übersetzt, abgeleitet oder entschlüsselt sowie gegebenenfalls um neue Komponenten ergänzt werden. Nachdem die Daten in der vorgesehenen Weise bearbeitet und extrahiert wurden, können sie auf das Data Warehouse-System transferiert und geladen werden. Dieser Informationsfluß wird ebenfalls als *In-Flow* bezeichnet.

Für die Daten-Extraktion können ein *DBMS* oder spezielle Extraktions- und Transformationswerkzeuge verwendet werden. Ohne diese äußerst leistungsfähigen Tools würden allein 80% für den *Data Warehouse* Entwicklungsaufwand verwandt werden.[1]

Das Transformieren der heterogenen Daten in die gewünschten Datenstrukturen und - zustände bedeutet trotz hilfreicher Werkzeuge für den Administrator großen Arbeitsaufwand. Es besteht die Möglichkeit, den gesamten Datenbestand auf Inkonsistenz zu überprüfen und diese entweder nur zu dokumentieren oder auch zu bereinigen. Im Falle der Bereinigung werden nicht nur die künftigen Daten des *Data Warehouse* verändert, sondern auch die Originaldaten der operativen Systeme bereinigt.

Diese Fehler- und Schwachstellenanalyse kann sogar so wertvoll sein, daß sich allein deshalb der Aufwand eines *Data Warehouse* lohnt.

Das realisierte Extraktionskonzept ist in entscheidendem Maße für die Qualität und somit für den Nutzen der Daten für die Endanwender verantwortlich. Es wird über die Input-Schicht mit Hilfe zweier Prozeßschritte gewährleistet.[2] Im ersten Schritt erfolgt über die technischen Transformationsregeln ein *Bridging* relationaler und nicht-relationaler Datenquellen.

Der zweite Prozeßschritt bürgt für die „Veredelung" der Daten. Sie werden betriebswirtschaftlich aufbereitet, was zur stufenweisen *Verdichtung* führt. Zum Beispiel werden Produkte zu Produktgruppen und diese wiederum zu Produkthauptgruppen zusammengefaßt.

Aufgrund des stark zunehmenden Volumens der in das *Data Warehouse* fließenden Daten, müssen die Transformationsprogramme außerordentlich effizient arbeiten. Über die zyklische Wiederholung der Aktualisierung der Daten berichtet das Kapitel: „Zusammenwirken von Zeitraumbezug und Aggregation".

Extraktions- und Transformationswerkzeuge zählen genauso wie die Entwicklungswerkzeuge zu dem erweiterten Bereich der *Middleware*.

---

[1] lt. Inmon
[2] lt. Mucksch - Das Data Warehouse - Konzept

4.5.2.2. Data Warehouse Managementsystem

Ein *Data Warehouse Managementsystem* - nicht zu verwechseln mit *Data Warehouse Managementsoftware* (beides wird „*DWMS*" abgekürzt) - ist die synonyme Bezeichnung für das Datenbankmanagementsystem (*DBMS*) eines *Data Warehouse*. Im nachfolgenden wird lediglich die Abkürzung *DBMS* benutzt, um eventuelle Verwechslungen zu vermeiden.

Ein *DBMS* hat die Aufgabe der zentralen Organisation der Verwaltung des Datenbestandes zwischen Betriebssystem und Anwendung. Weiterhin stellt es die Funktionalität für die Datendefinition, -beschreibung und den -zugriff zur Verfügung. Typische Kontrollaufgaben wie das Löschen überflüssiger Daten oder das Herabsetzen von Prioritäten selten benötigter oder alter Daten werden vom *DBMS* erbracht. Dieser Prozeß wird „*Down-Flow*" genannt. Die Datenintegrität, d.h. Korrektheit, Vollständigkeit und Widerspruchsfreiheit der Daten in der Data Warehouse-Datenbank, überwacht durch die Integritätsregeln, wie auch der Datenschutz und die Berechtigungskontrolle der Datenzugriffe sind Dienste eines *DBMS*. Bestimmte Funktionen werden von einzelnen Systemen übernommen, die ein Teil des *DBMS* sind und im folgendem erläutert werden.

Das Archivierungssystem

Die Datensicherheit und -archivierung wird vom *Archivierungsssystem* abgedeckt. Die Datensicherung soll zur Reproduktion des *Data Warehouse* im Falle eines System- oder Programmfehlers durchgeführt werden. Zur möglichst schnellen und vollständigen Wiederherstellung des *Data Warehouse* ist es sinnvoll, alle Verdichtungsstufen zu sichern. Zumindest die Daten der untersten Verdichtungsstufe sollten gesichert werden. Eine Beeinflussung der operationalen Systeme ist i.d.R. nicht zu erwarten.
Der Umfang der Datensicherungsfunktion sollte in Abhängigkeit der verwendeten Hardwarearchitektur bestimmt werden. Es gibt z.Z. gute Hardwarelösungen, die bereits eine relativ vollständige Datensicherung gewährleisten. Negativ fallen die Kosten für diese Hardware auf.

Eine weiter Aufgabe des *Archivierungssystems* ist einerseits die Bereitstellung der Produktivität durch sofortiges Auffinden notwendiger Informationen ohne dabei Medienbrüche zu erhöhen und andererseits die Bereitstellung der benötigten Speicherkapazität. Damit sind die *Archivierungssysteme* für komplexe Ad hoc-Abfragen mit kurzen Antwortzeiten durch effiziente Speicherung und Verarbeitung großer Datenmengen prädestiniert.

Die Notwendigkeit der Archivierung ergibt sich aus dem Verdichtungsprozeß der Daten im *Data Warehouse*. Daten der untersten Verdichtungsebene (Detaildaten) werden aus dem *Data Warehouse* ausgelagert und auf Offline-Datenträgern gespeichert. Mit Hilfe der dafür notwendigen *Archivierungssysteme* werden die Daten in Form der Ablage von Dokumenten archiviert, die beispielsweise aus legislativen Gründen aufbewahrt werden müssen. Zudem werden die Daten, die in den Archiven und Datenbanken abgelegt sind, durch eine aktuelle, schnelle, einfache und vor allem umfassende Bereitstellung von Informationen recherchiert.

Vorteile entsprechender Systeme sind:

- Kosteneinsparung,

- Steigerung der Effizienz bei der Nutzung von archivierten Informationen und

- Performancesteigerung des *Data Warehouse* durch Reduzierung des Datenvolumens.

Das Metadatenbanksystem

Aus der Zielsetzung entscheidungsorientierter Informationssysteme, daß Entscheidungskompetenzen nach unten verlagert werden und daß Endbenutzer zunehmend mehr Aufgaben wahrnehmen, die früher nur von EDV-Spezialisten bewältigt werden konnten, folgt, daß die Endanwender im Rahmen ihrer Aufgabenerfüllung nicht nur Zugang zu den Daten des *Data Warehouse* haben. Sie benötigen außerdem eine Vielzahl weiterer Informationen, um beispielsweise die Relevanz der gefundenen Informationen für die Geschäftsprozesse zu beurteilen und in den Kontext ihrer Aufgabenstellung einzuordnen. Diese aus der Data Warehouse-Datenbank heraus gehenden Datenströme, bzw. Antworten, welche der Endbenutzer auf eine Abfrage hin erhält, werden „*Out-Flow*" genannt.

Das *Metadatenbanksystem*, basierend auf den *Metadaten* und der *Metabase*, ist für alle Endbenutzer eine Art Hilfesystem - ein Informationskatalog und eine Navigationshilfe. Weiterhin dient es zur Unterstützung der für das *Data Warehouse* verantwortlichen Administratoren und stellt ein Schnittstelle zwischen dem Benutzer und dem Endanwender dar.

Im *Information Directory* werden unter anderem die folgenden Informationen als *Metadaten* gehalten:

- Welche Daten sind verfügbar?

- Wo sind sie abgestellt?

- In welcher Form liegen sie vor?

- Wie aktuell sind sie?

- Welche Werkzeuge unterstützen den Zugriff?

- Wer ist verantwortlich?

- Wie wird ein Bericht erzeugt?

Der Informationsfluß dieser Daten wird „*Meta-Flow*" bezeichnet.

Metadaten lassen sich von unterschiedlichen Standpunkten betrachten. Sie lassen sich in verschiedene Kategorien oder Arten einteilen. Beispielsweise ist es möglich, zwischen zwei Arten von *Metadaten* zu unterscheiden.[3] Die operationalen *Metadaten* stellen eine Art dar. Sie geben Auskunft über operationale Systeme wie beispielsweise den Namen der Originaldatei. Die andere Art machen die DSS-Metadaten aus. Sie verbinden die physikalischen Daten des *Data Warehouse* mit dem konzeptionellen Geschäftsprozeßmodell und den Frontend-Tools der Endbenutzer. Eine Anzahl weiterer Sichtweisen lassen sich an dieser Stelle aufzeigen.[4]

Verteilmechanismen

Zur Vollständigkeit soll an dieser Stelle auch diese Gruppe von Werkzeugen genannt werden - die Verteilmechanismen. Sie werden nur selten als eigenständige Werkzeuge aufgeführt. Oft wird diese Aufgabe vom *DBMS* übernommen. Beispiele für Aufgaben der Verteilmechanismen sind die Steuerung des *In-Flow* des *Data Warehouse* oder das Kopieren von Informationen eines zentralen unternehmensweiten *Data Warehouse* in andere *Data Marts*.

Weitere Leistungsmerkmale des Data Warehouse Managementsystems

Datenmengen im Terabyte-Bereich sind in einem *Data Warehouse* keine Seltenheit. Zu den Besonderheiten der Entscheidungs- und Analysesysteme gehören leseintensive Auswertungen mit komplexen Suchbedingungen, vielfältigen *Joins* und sequentiellen *Scans* großer Tabellen. Um die Verwaltung und Bearbeitung der umfangreichen Datenbestände zu bewältigen, sind Funktionen wie Datenpartitionierung, Parallelabfragen, paralleles Laden und Indizieren sowie dynamische Systemverwaltung von Bedeutung.

Die Antwortzeit wird aufgrund der riesigen Datenmengen und der Komplexität der Abfragen nicht selten als das wichtigste Kriterium eines *DBMS* angesehen. Damit ist sie kritischer Punkt und wichtigster Bestandteil eines *Data Warehouse*.
Folgende elementare Leistungen lassen sich für ein *DBMS* aufzeigen:

- **Parallelverarbeitung** - Aufspaltung komplexer Abfragen in mehrere Einheiten, damit sie von mehreren Prozessoren parallel verarbeitet und anschließend wieder zusammengeführt werden können.

- **Indizierung** - Anlegen von Indizien über Schlüsselfelder zum schnelleren Auffinden von Datensätzen.

- **Skalierbarkeit** - Bereitstellung der Möglichkeit einer Erweiterung des Systems um zusätzliche Ressourcen. Insbesondere die Erhöhung der Benutzer sollte kein Problem darstellen.

- **Partitionierung** - Tabellen werden auf mehrere Datenträger verteilt, so daß Ein- und Ausgabeoperationen parallel durchgeführt werden können.

Die Hardware ist vor allem bei diesen Leistungsmerkmalen besonders bedeutsam (siehe auch Kapitel: „Hardware Anforderungen").

---

[3] vgl. Poe - Building a Data Warehouse for Decision Support, S. 32f; 170f
[4] vgl. Mucksch - Das Data Warehouse - Konzept, S. 31f

4.5.3. Merkmale der Data Warehouse-Hardware

Ein *Data Warehouse* kann in unterschiedlichen Umgebungen betrieben werden.

Eine optimale Architekturplattform (Architekturumgebung) bilden die Client- /Server-Strukturen. Da die verschiedensten Benutzergruppen von unterschiedlichen Stellen im Unternehmen über *Workstations* ihre Abfragen stellen, ergibt sich die Notwendigkeit einer einheitlichen Datenressource. Diese Situation ist prädestiniert für eine *Client-/Server-Architektur* mit einem eigenen Server für das *Data Warehouse*.

Betroffen sind davon überwiegend die zentralen und dezentralen Data Warehouse-Architekturen (siehe dazu Kapitel: „Data Warehouse Architekturansätze").

Das wesentliche Merkmal der Data Warehouse-Hardware ist die Architektur und *Performance* der verwendeten Rechnerplattform. Hierbei handelt es sich um eine Hardwareumgebung, die sich durch verschiedene Lösungsansätze realisieren läßt.

Um den Titel „Data Warehouse-Hardware" zu erhalten, ist es ausreichend, daß eine beliebige Rechnerplattform, auf der nur ein Datenbanksystem mit der entsprechenden Funktionalität existiert, zur Verfügung steht.

In der Praxis bestehen standardisierte Rechnerplattformen. Normalerweise stehen als Systembasis *Mainframes*, Midrange-Server in herkömmlicher Hardwarearchitektur sowie Parallelrechner-Systeme zur Wahl.

4.5.3.1. Mainframes

Als *Mainframe* wird ein Hauptrechner eines Computersystems bezeichnet. An diesen *Mainframes* sind i.d.R. zahlreiche Arbeitsstationen angeschlossen, die mit einem Arbeitsspeicher von mehr als 100 Megabyte und Festplattenkapazitäten im Terabyte-Bereich ausgestattet sein können.

In den 70er Jahren waren dies die vorherrschenden Anlagen für große Betriebe (Banken, Universitäten u.ä.). Mittlerweile werden diese Großrechner von den leistungsfähigen Server-Netzwerken verdrängt. Unter diesem Aspekt sind *Mainframes* nicht die ideale Lösung für ein *Data Warehouse*.

Als „stand alone" System können sie jedoch ohne weiteres als Kernstück für ein *Data Warehouse* verwendet werden. Wichtig ist, daß sie als zukunftssichere Basissysteme stabile Schnittstellen besitzen und die allgemeinen Standards erfüllen.

4.5.3.2. Parallelrechner

Bei *Parallelrechnern* wird zwischen zwei verschiedenen Architekturtypen unterschieden:

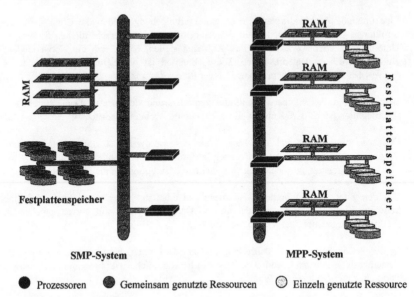

● Prozessoren   ● Gemeinsam genutzte Ressourcen   ◎ Einzeln genutzte Ressource

Quelle: eigenständiger Entwurf

Grafik 14: Ressourcennutzung bei *SMP-Systemen* und *MPP-Systemen*

SMP-Systeme sind eng gekoppelte und *MPP-Systeme* sind lose gekoppelte Systeme. In beiden Systemen ist die wesentliche Komponente - der Prozessor - mehrfach vorhanden. Diesem Entwurf nach werden sie auch Multiprozessorsysteme genannt.

SMP-Systeme:

SMP basierte Systeme teilen sich eine oder mehrere Hardware-Systemkomponenten, insbesondere den Hauptspeicher und den Prozessorbus.

Da *SMP-Systeme* um das Single-Image-Speichermodell gebaut sind, haben sie den Vorteil, daß die auf ihnen laufende Software nicht besonders für sie entwickelt zu werden braucht.

Jede Software, die auf einem entsprechenden Monoprozessorsystem läuft, läuft normalerweise auch auf einem *SMP-System*.

Lediglich das Betriebssystem der *SMP-Systeme* benötigt gegenüber dem des Monoprozessorsystems bestimmte Erweiterungen. Es muß in der Lage sein, die auf dem *SMP-System* laufenden Prozesse auf die verfügbaren Prozessoren aufzuteilen. Der Vorteil gegenüber einem Monoprozessorsystem besteht in der Tatsache, daß es durch mehr Parallelität zwischen den Prozessen zu einer Steigerung der Performanz kommt.

Wird die Prozessoranzahl erhöht, so kommt es ab einer bestimmten Anzahl wegen der notwendigen Serialisierung bei der Benutzung gemeinsamer Ressourcen und der dadurch entstehenden Wartezeiten zu einen immer geringer werdenden Leistungszuwachs, bis letztendlich kein oder sogar ein negativer Leistungszuwachs entsteht.

Üblicherweise verstärken das Betriebssystem und das Datenbanksystem diesen Vorgang des Leistungsabfalls. Dadurch tritt die limitierte Skalierbarkeit dieser Systeme an das Licht, und die Vorteile einer skalierbaren Architektur werden sichtbar. Lose gekoppelte Systeme erfüllen das Bedürfnis einer guten Skalierbarkeit.

MPP-Systeme:

Lose gekoppelte Systeme zeichnen sich dadurch aus, daß sie keine oder nur wenige gemeinsam genutzte Systemkomponenten besitzen („Shared-nothing" Architektur). Die separate Zuteilung von Hauptspeicher und Festplatten zu jedem einzelnen Prozessor ist Grundgedanke dieser Architektur. Demzufolge benötigen die Prozessoren keine Koordinierung des Zugriffs auf diese Ressourcen.

Die Prozessoren stehen über ein Local-Area-Network (*LAN*) oder ein Cluster-Netz in Verbindung, welches daher die wichtigste gemeinsam benutzte Ressource verkörpert. Der Durchsatz dieser Verbindung kann aufgrund der festen Bandbreite nicht durch eine Erhöhung der Anzahl der Prozessoren vergrößert werden. Bei solchen Systemen nimmt die Anzahl der Verbindungen linear mit der Anzahl der Prozessoren zu.

Aus dem Vorteil einer hohen *Performance*, einer vollständigen, unabhängigen Verarbeitung der gestellten Aufgaben (starke Kapselung) und der daraus resultierenden großen Skalierbarkeit entsteht auch ein Nachteil dieser Systeme. *Massivparallele Systeme* benötigen eine speziell für sie geschriebene Software, die in der Lage ist, die vielen lose gekoppelten Prozessoren und ihre Peripherie zur Zusammenarbeit zu bringen. Das verwendete Betriebssystem und Datenbanksystem müssen in der Lage sein, diese parallele Verarbeitung zu unterstützten.

Die MPP-Architektur bringt die Eigenarten der Entscheidungs- und Analysesysteme besonders gut zum Tragen. Lösungen für die Verarbeitung riesiger Datenmengen mit relationalen Datenbanksystemen traditionellen Zuschnitts, auf Basis von *Mainframes* oder SMP-Server, können nicht ernsthaft mit diesem Ansatz konkurrieren. Der Grund dafür ist die immanente Leistungsbeschränkung durch die sequentielle Bearbeitung der Einzelabfragen.
Erst mit parallelen Datenbanken in Kombination mit modernen Parallelrechner-Architekturen steht eine Systembasis mit günstigem Preis-Leistungs-Verhältnis parat.[5]

---

[5] vgl. Zinke - Data Warehouse - Skript zum Folienvortrag, S. 67

4.5.3.3. Hardware Anforderungen

Für die Auswahl der Hardware-Plattform ist die Analyse der Datenvolumina, die Frequenz ihrer Benutzung und des Updates, die Enge der Integration zum operativen System und die Festlegung der Service-Ebene wichtig. Eine große Rolle spielen Verfügbarkeitsanforderungen. Eine Überkonfiguration ist nur in engen Maßen sinnvoll, da die Hardware einem stürmen Preisverfall unterworfen ist, während der Leistungsumfang beständig in großen Schritten sich steigert. Ein baldiges Ende dieser Entwicklung ist nicht abzusehen. Es gilt heute, daß:

- Monoprozessoren die Bereiche abdecken, welche früher nur von Multiprozessoren leistungsmäßig abgedeckt werden konnten,

- die Hardware-Zuverlässigkeit, die der Software bei weitem übersteigt und simple Monoprozessoren fast so zuverlässig sind wie ältere *Fault-Tolerant-Maschinen*,

- Symmetrische Multiprozessoren Systeme (*SMP-Systeme*, Cluster-Systeme) von unten her in das Terrain der *MPP-Systeme* einbrechen und daß

- die zunehmende Komplexität außerhalb des „Mainstreams", also der Massentechnologie, kostentreibend, leistungshemmend und verfügbarkeitsdämpfend wirkt.

Eine große Skalierbarkeit, leichte Administration und hohe *Performance* sind zentrale Voraussetzungen für ein *DBMS*. Dafür stehen Hardwaretechniken für die parallele Verarbeitung auf *SMP*- (Symmetrical Multi-Processing), *MPP*- (Massively Parallel Processing) oder Cluster-Systemen bereit.
Begonnen wird meistens mit einer SMP-Plattform, die später in Richtung Cluster- oder *MPP-System* erweitert wird. Diese Aufrüstung sollte aus Kostengründen in kleinen Schritten erfolgen, da es billiger ist, bei einem skalierbaren System neue Hardware hinzuzufügen, als das ganze System hochzurüsten, wie es heute noch in der Mainframe-Welt praktiziert wird.[6]

Weitverbreitete, breit unterstützte Hardware verspricht die beste Effizienz. Leistungsreserven sollten nur soweit konfiguriert werden, wie sie in den nächsten 12 Monaten nutzbar sind.

Bei der Bewertung der Upgrades dürfen die Wartungskosten nicht außer acht gelassen werden, da hier der Hersteller oft weit weniger entgegenkommend ist. Die nächste Hardwaregeneration vermöge hinsichtlich einer höheren Integration und einer besseren Zuverlässigkeit mit Sicherheit besser abschneiden. Dennoch ist es elementar, daß zukunftssichere Basissysteme an ihren Schnittstellen stabil sind und zudem die allgemeinen Standards befolgen sollten. Dadurch soll vermieden werden, daß Anwendungen wegen Änderungen im Funktionsumfang der Basissysteme angepaßt - geändert - werden müssen.

---

[6] lt. Zinke - Data Warehouse - Skript zum Folienvortrag, S. 76

Durch eine Standardisierung der Schnittstellen kann überdies eine Austauschbarkeit der Basissysteme gewährleistet werden. Diese Basissysteme werden als „offene Systeme" bezeichnet.

Offene Systeme sollten hauptsächlich zwei Anforderungen gerecht werden:

- **Portabilität von Anwendungssoftware**
  Lauffähigkeit der Software auf unterschiedlichen Rechnerplattformen, herstellerunabhängig, ohne daß die Software geändert werden muß.

- **Interoperabilität von Rechnern**
  Rechner sind in der Lage bei der Bearbeitung einer Aufgabe zusammen zu arbeiten.

Ein weiterer wichtiger Gesichtspunkt ist die Verfügbarkeit, da es sich bei einem *Data Warehouse* meist um ein großes System handelt. Insbesondere die Wiederherstellung von Teilen der Datenbank nach einem Ausfall ist wegen der immensen Datenmenge ein langwieriger Prozeß. Das *Data Warehouse* würde während dieser Zeitspanne nicht zur Verfügung stehen.

Eine Data Warehouse-Hardware unterliegt, sofern sie zur Entscheidungsunterstützung eingesetzt wird, sehr großen Schwankungen. Bei den anfallenden Abfragen ergibt sich eine Hardwarenutzung von einem Faktor von 10 und größer. Um also zu lange Wartezeiten oder sogar eine Überbelastung der Hardware mit negativen Folgen zu kompensieren, ist es nötig, daß die Data Warehouse-Hardware im „Normalzustand" mit einer Systemauslastung von etwa 10% arbeitet. Normalauslastung bedeutet in diesem Zusammenhang keine Ruhephase, sondern eher die Belastung , die durch kleinere, schnellere Standardabfragen entsteht.

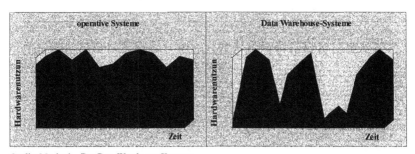

Quelle: Mucksch - Das Data Warehouse-Konzept

Grafik 15: Belastungsschwankungen der Hardware

Die Diagramme verdeutlichen die unterschiedliche Struktur der Hardwarebelastung von operationalen und entscheidungsunterstützenden Systemen. Diese enormen Belastungsschwankungen eines solchen Data Warehouse-Systemes zeigen auch die Notwendigkeit einer separaten Datenhaltung, wie sie beim *Data Warehouse* praktiziert wird. Besonders negativ wirkt sich diese Hardwareausnutzung bei einem Virtuellen *Data Warehouse* aus. Gerade hier sollte eine genau Vorstellung von den geplanten Abfragen und ihren Auswirkungen auf die operativen DV-Systeme vorhanden sein.

4.6. Nutzen eines Data Warehouse

Es ist nicht ohne weiteres möglich, alle Vorteile des Einsatzes eines Data Warehouse aufzulisten. Dies ergibt sich daraus, daß die Erstellung und Implementierung nicht von heute auf morgen vollzogen wird, sondern einen länger anhaltenden Prozeß darstellt, der nur einen Teil eines EIS-Konzeptes ausmacht. In diesem Zusammenhang ist es wichtig festzuhalten, daß in der gesamten Arbeit nicht das Data Warehouse-Konzept als Dreh- und Angelpunkt allen Denkens und Handelns bei der Erstellung entscheidungsunterstützender Lösungen angesehen wird, wie es in der Literatur oft getan wird. Instrument hierfür ist das Konzept des entscheidungsorientierten Informationssystems. Demzufolge werden in diesem Abschnitt lediglich die wirklich relevanten Vorzüge eines Data Warehouse aufgezeigt. Die wahrscheinlich bedeutenderen Vorteile und Nutzen wurden bereits im Kapitel: „Entscheidungsorientierte Informationssysteme" erwähnt.

Wichtigster Punkt ist die Bereitstellung einer eigenen Rechnerplattform, wodurch eine Mehrbelastung der operativen Systeme relativ gering gehalten wird. Diese eigene Data Warehouse-Hardware ermöglicht es außerdem, daß historische Auswertungen über einen wesentlich längeren Zeitraum erzielt werden können, als es bei operativen Systemen der Fall ist.

Die Fähigkeit sehr komplexer Auswertungen und multidimensionaler Sichtweisen auf Daten wird erst durch eine geeignete Data Warehouse-Architektur ermöglicht. Besonders die Verwendung von MPP-Systemen kommt hierbei zum Tragen. Die Verbesserung der Informationsqualität ist ein bedeutendes Ziel eines Data Warehouse.

Die Entscheidung über die Einführung eines Data Warehouse muß vorrangig aus strategischen Gesichtspunkten erfolgen, da sie hauptsächlich zur Erreichung strategischer Unternehmensziele und Wettbewerbsvorteile beitragen kann.

4.7. Ausblick

Das Konzept für die Erstellung eines *Data Warehouse* ist sehr ausgereift - eine relationale Datenbasis strukturiert nach entscheidungsrelevanten Informationen, angelehnt an der spezifischen Unternehmensstruktur.

Inwiefern die multidimensionale Sichtweise in den Bereich des *Data Warehouse* eindringt, ist noch offen. Verschiedene Konzepte beinhalten eine bestimmte multidimensionale Speicherung der Daten. Solche Konzepte können jedoch nur Erfolg versprechen, wenn sie konsequent auf der dafür vorgesehenen Hardware realisiert werden. Beispielsweise werden dafür *MPP-Systeme* mit einem Arbeitsspeicher von mehr als einem Gigabyte benötigt. Diese Hardwareplattformen sind äußerst teuer, so daß eine Entwicklung in diese Richtung noch zögernd ist.

Der Aspekt der hohen Investitionskosten bereitet auch Schwierigkeiten in der Umsetzung von Data Warehouse-Lösungen, bei denen, wie am Anfang dieses Abschnittes angesprochen, ein klares Konzept und dessen Umsetzung vorliegt. Immer wieder werden kostengünstige Hardwareplattformen, die nicht die geforderte *Performance* haben, eingesetzt.

5. On-Line Analytical Processing

Auswertungen und Analysen, welche auf der Grundlage der in einem *Data Warehouse* gespeicherten Informationen ausgeführt werden, können auf verschiedene Art und Weise erzeugt werden. Prinzipiell lassen sich alle Analyse-Tools einsetzen. Beispielsweise könnten die zu analysierenden Daten in ein Microsoft Excel-Arbeitsblatt geladen werden, um darin analysiert und ausgewertet zu werden. Eine weitere Möglichkeit wäre der Einsatz von Statistiksoftware, mit der eine Vielzahl von statistischen Standardverfahren auf Informationen aus dem *Data Warehouse* anwendbar sind.

Allerdings existiert eine Klasse Systeme (Endbenutzerwerkzeuge), die speziell für die Analyse und Auswertung von betrieblichen Daten eines *Data Warehouse* entwickelt wurde: die sogenannten Systeme für das **On-Line Analytical Processing** (*OLAP*).

5.1. Historie

Bei der Unterstützung der Entscheidungsträger in Form von elektronisch aufgearbeiteten Daten wurde in den letzten Jahrzehnten der Schwerpunkt auf den Inhalt und Ursprung der Daten gelegt. Die Darstellung der Daten wurde vernachlässigt. Ein Modell wurde benötigt, welches sich zur Auswertung und Analyse von betrieblichen Informationen eignete.

Die Basis für dieses Modell bildeten bis zu diesem Zeitpunkt operative Systeme in Form von dateiorientierten Systemen und zunehmend auch relationale Datenbank-managementsysteme (RDBMS). Diese besaßen aber ein vielfach verknüpftes und dadurch oft sehr unübersichtliches konzeptionelles Datenmodell, wobei eine Anpassung an die Analytik betriebswirtschaftlicher Zusammenhänge eher gering war. Unbestritten erwiesen sich relationale Technologien als stabile, sichere und schnelle Alternative bei der Datenspeicherung in unzähligen transaktionsorientierten Anwen-dungssystemen. Allerdings offenbaren die relationalen Datenbanken Schwächen bei der flexiblen und benutzeradäquaten Darstellung entscheidungsrelevanter Daten für das Management.

Anfang der 90er Jahre suchte die Firma Arbor Software nach einer Marktnische, welche die Koexistenz von multidimensionalen und relationalen Datenbanken rechtfertigen konnte. Die Forschungsarbeit, die Dr. Edgar F. Codd und seine Kollegen zu diesem Zeitpunkt für Arbor Software ausführten, resultierte in einem Anforderungskatalog für Analysewerkzeuge (siehe Kapitel: „Evaluationsregeln von Codd")1. Codd, einer der geistigen Urväter der relationalen Datenbanken, erkannte:

„Relationale Datenbanksysteme waren nie dafür vorgesehen, leistungsfähige Funktionen für die Datenanalyse, -synthese und -konsolidierung zu bieten (Funktionen, die unter dem Begriff mehrdimensionale Datenanalyse bekannt sind)."2 Somit kritisierte Codd 1993 als Ergebnis seiner Studie in einem Aufsatz u.a. die Eignung relationaler Datenbanksysteme für die Unterstützung komplexer, mehrdimensionaler Analysen und prägte erstmals den Begriff *On-Line Analytical Processing*.

---

[1] vgl. Internet_sgroves – OLAP: The Pancea for the Ills of Managment Information Systems?
[2] Codd – „Computerworld", 26. Juli 1993

5.2. Definition

5.2.1. Der Begriff OLAP

OLAP repräsentiert eine Software-Technologie, die Managern wie auch qualifizierten Mitarbeitern aus den Fachabteilungen schnelle, interaktive und vielfältige Zugriffe auf relevante und konsistente Informationen ermöglichen soll.

Codd definiert *OLAP* wie folgt:

„... the name given to the dynamic enterprise analysis required to create, manipulate, animate and synthesise information from ... „Enterprise Data Models"... This includes the ability to discern new or unanticipated relationships between variables, the ability to identify the parameters necessary to handle large amounts of data, to create an unlimited number of dimensions (consolidation paths) and to specify cross-dimensional conditions and expressions."[1]

Übersetzt:

„OLAP ist der Begriff, der der dynamischen Unternehmensanalyse vergeben wurde, die Informationen aus unternehmensbezogenen Datenmodellen kreiert, manipuliert, animiert und synthetisiert. Dazu gehört die Fähigkeit neue, unerwartete Beziehungen zwischen Variablen zu erkennen, Parameter zur Behandlung von großen Datenmengen zu identifizieren, eine unbegrenzte Anzahl Dimensionen (Konsolidierungspfade) zu kreieren und dimensionsübergreifende Zustände und Ausdrücke zu spezifizieren."

Zentrales Charakteristikum von *OLAP* und gleichzeitig der große Vorteil zu herkömmlichen Datenbanken und Tabellenkalkulationen liegt in der **Multidimensionalität**. OLAP-Werkzeuge ermöglichen dem Anwender eine neuartige Sichtweise der Daten in Form von Dimensionen, die schnellere und flexiblere Abfragen bewirkt, unerwartete Beziehungen zwischen Variablen erkennen läßt und den Umgang mit großen Datenmengen erleichtert.

5.2.2. Multidimensionalität

„Für die verstärkte Angleichung an betriebswirtschaftliche Abläufe entsprechen Dimensionen eher der menschlichen logischen Denkstruktur als ein normalisiertes Modell."[2]

Das folgende Beispiel soll die Bedeutung von Dimensionen veranschaulichen:

Ausgangspunkt ist die Bezugsgröße (= Dimension) Umsatz, welche i.d.R. im Zusammenhang mit einem Produkt, einer Region und einem Zeitraum steht, wobei diese Aufzählung beliebig erweitert werden könnte (siehe Grafik 16: Drei Dimensionen in Form eines Würfels).

---

[1] Codd, Salley - Providing OLAP (On-Line Analytical Processing) to User-Analysts
[2] Schinzer, Bange, Wehner, Zeile - Management mit Maus und Monitor, S.38

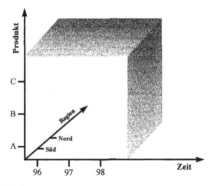

Quelle: eigenständiger Entwurf

Grafik 16: Drei Dimensionen in Form eines Würfels

Jede dieser genannten Bezugsgrößen stellt eine Dimension dar. Eine Dimension bietet einen bestimmten Blickwinkel, unter dem die Daten einer Analyse betrachtet werden. Eine Dimension enthält eine Menge von mindestens zwei bis zu beliebig vielen Elementen, unter denen die Daten eingeordnet und betrachtet werden.

Jede Dimension kann in Elementen und Dimensionsattribute aufgegliedert werden. Beispielsweise könnte sich die Produktdimension in die Elemente Produkt A, Produkt B und Produkt C aufteilen (siehe Grafik 16: Drei Dimensionen in Form eines Würfels).

Dimensionsattribute bestimmen den Grad der *Verdichtung* einer Dimension und repräsentieren eine natürliche Beschreibung, nach der eine Abfrage aufgebaut und gruppiert werden kann. Die Dimensionsattribute für die Zeitdimension könnten sich beispielsweise aus Jahr, Quartal und Monat zusammenstellen.

Die Durchführung einer dynamischen Analyse wird durch die Beobachtung des Umsatzes über eine Zeitspanne ermöglicht. Im Gegensatz zu statischen Betrachtungsweisen, wie das Berichtswesen, dienen dynamische Analysen besonders der Trendermittlung und der Prognosenerstellung.

Bei der Kombination der zwei Dimensionen Produkt und Region entsteht eine klassische Tabelle, wie sie von dem relationalen Datenmodell her bekannt ist.

Durch das Hinzufügen der dritten Dimension Zeit entsteht ein dreidimensionaler Raum, der typischerweise in Form eines Würfels modelliert wird. Jede Kante dieses Würfels bildet eine Dimension ab und ist durch deren Elemente in ihrer Länge fest skaliert. Eine Zelle des Würfels beinhaltet eine Umsatzzahl für die entsprechend gewählte Konstellation - etwa der Umsatz für Produkt C in der Region Süd im Jahr 1995. Diese Speicherungsart entlang der Dimensionen wird auch als *Hypercube* bezeichnet.

5.3. Abgrenzung zum Data Warehouse

Nachdem sich Anfang der 90er Jahre das öffentliche Interesse an Lösungen zur Managementunterstützung eingestellt hat, lassen heute neue Schlagworte wie *Data Warehouse* und *On-Line Analytical Processing* die Diskussion um die Ausgestaltung von Systemen zur Managementunterstützung wieder aufleben.

Während *OLAP* im wesentlichen die konzeptionelle Basis für Lösungen zur Unterstützung einer dynamischen Datenanalyse in Unternehmen beinhaltet, die eher die analytischen und planerischen Aufgaben auf der *Frontend* Seite (Zugriffsmöglichkeiten) in den Vordergrund stellen, sind es beim Data Warehouse-Ansatz die organisatorischen und technischen Implikationen auf der *Backend* Seite (Homogenisierung und Verwaltung umfangreicher Datenbestände), auf denen der Fokus liegt.

Dennoch sind beide Themen eng miteinander verbunden. Einerseits erscheint es sinnlos, ein unternehmensweites *Data Warehouse* aufzubauen, ohne sich über Zugriffsformen Gedanken gemacht zu haben, und andererseits scheint nur mit einem unternehmensweit integrierten *Data Warehouse* eine tragfähige und zukunftsweisende Grundlage für eine effektive Managementunterstützung gegeben zu sein.

In diesem Sinne werden *OLAP* und *Data Warehouse* nicht als konkurrierende, sondern als sich ergänzende Konzepte im Umfeld der Managementunterstützung gewertet.

5.4. Anforderungen von OLAP

5.4.1. Evaluationsregeln von Codd

Codd hat im Juli 1993 zwölf Evaluationsregeln definiert, die bei Erfüllung die OLAP-Fähigkeit der Informationssysteme garantieren sollen.

Dabei war die Ehrenhaftigkeit der Motivation, die den Autor zur Publikation der Regeln veranlaßt hat, äußerst umstritten - die Regeln schienen den Fähigkeiten von Essbase (ein Produkt der Arbor Software Firma) zugeschnitten zu sein.

Dessenungeachtet werden diese Regeln, um ihrem historischen Wert gerecht zu werden, im folgenden dargestellt und erläutert:[1]

Regel 1: Multidimensionale, konzeptionelle Sicht auf die Daten

> Die konzeptionelle Sicht der OLAP-Modelle sollte einen multidimensionalen Charakter besitzen, da dieses der naturgemäßen Sicht der Unternehmensanalytiker entspricht.

---

[1] lt. Mucksch – Das Data Warehouse-Konzept, S. 396ff.

Regel 2: Transparenz

Ziel ist es, eine möglichst homogene Benutzeroberfläche mit allen notwendigen Funktionalitäten zu schaffen, wobei die OLAP-Werkzeuge sich nahtlos in die bestehende Arbeitsplatzumgebung des Anwenders einfügen müssen. Der Anwender sollte keinen formalen Unterschied zwischen Informationseinheiten aus unterschiedlichen Quellen ausmachen können, wenngleich ihm der Datenursprung (da wo es sinnvoll ist) als Zusatzinformation geliefert werden kann.

Regel 3: Zugriffsmöglichkeit

Durch eine offene Architektur der Systeme soll der Datenzugriff auf möglichst viele heterogene, unternehmensinterne und -externe Datenquellen und Datenformate unterstützt werden.

Regel 4: Stabile Antwortzeiten bei der Berichterstattung

Selbst bei starker Zunahme der Anzahl der Dimensionen und (oder) des Datenvolumens sollte die Stabilität der Antwortzeiten gewährleistet sein. Durch schnelle Antwortzeiten des Systems wird angestrebt, den logischen Gedankenfluß und die Aufmerksamkeit des Systemanwenders auch bei komplexen Abfragen nicht unnötig zu unterbrechen.

Regel 5: Client - / Server-Architektur

Der Einsatz in *Client- / Server-Architekturen* sollte unterstützt werden, da die Menge der Daten und die Komplexität der Abfragen es sinnvoll erscheinen lassen, Speicherung und Zugriffe zentral auszuführen. Es muß sowohl eine verteilte Programmausführung als auch eine verteilte Datenhaltung möglich sein. Auch muß der Zugriff auf die Datenbasis mit unterschiedlichen Frontend-Werkzeugen gewährleistet sein.

Regel 6: Grundprinzipien der gleichgestellten Dimensionen

Strukturelle und funktionale Äquivalenz der Dimensionen muß gewährleistet sein, wobei ein einheitlicher Befehlsumfang zum Aufbauen, Strukturieren, Bearbeiten, Pflegen und Auswerten der Dimensionen existiert.

Regel 7: Dynamische Verwaltung „dünnbesetzter" Datenmatrizen

Ein spezielles Problem multidimensionaler Datenmodelle bei der physikalischen Datenspeicherung stellen „dünnbesetzte" Matrizen dar. Sie resultieren daraus, daß nicht jedes Dimensionselement mit allen Elementen anderer Dimensionen werttragende Verbindungen eingeht. Die für große Matrizen typischen Lücken in den Würfeln müssen durch das System effizient gehandhabt und die Daten optimal gespeichert werden, ohne die mehrdimensionale Datenmanipulation zu beeinträchtigen.

Regel 8: Mehrbenutzerunterstützung

Die Daten müssen gleichzeitig für eine Gruppe von Benutzern, die synchron lesende und (oder) schreibende Operationen durchführen können, zur Verfügung stehen.

Regel 9: Unbeschränkte dimensionsübergreifende Operationen

Über die verschiedenen Dimensionen hinweg werden Operationen für eine ausgereifte Datenanalyse benötigt. Insbesondere für die konsolidierende Hierarchiebildung innerhalb von OLAP-Modellen müssen Berechnungsvorschriften angelegt und zentral verwaltet werden können.

Regel 10: Intuitive Datenmanipulation

Eine einfache und ergonomische Benutzerführung und Benutzungsoberfläche soll das intuitive Arbeiten in der Datenbasis mit geringem Lernaufwand ermöglichen.

Regel 11: Flexibles Berichtswesen

Aus dem multidimensionalen Modell müssen leicht und flexibel Berichte generiert werden können. Die OLAP-Schnittstelle soll den Benutzer dabei unterstützen, Daten in beliebiger Art und Weise zu bearbeiten, zu analysieren und zu betrachten.

Regel 12: Unbegrenzte Dimensions- und Aggregationsstufen

Vom OLAP-System kann verlangt werden, eine unbegrenzte Anzahl an Dimensionen, Relationen und Variablen verwalten zu können. Zusätzlich soll keine Einschränkung bezüglich der Anzahl und Art der Konsolidierungsebenen bestehen.

Die oben aufgeführten zwölf Anforderungen an OLAP-Systeme sind teilweise sehr heftig kritisiert worden. Der grundsätzliche Angriffspunkt ist die unscharfe Trennung zwischen fachlich-konzeptionellen Anforderungen und technischen Realisierungsaspekten.[2] So wird hauptsächlich die sechste Evaluationsregel von Codd angegriffen - diese Regel stellt die Dimensionen eines mehrdimensionalen Modells gleich, dabei unterscheiden sich manche Dimensionen - wie die Zeitdimension mit ihrer inhärenten Zeitlogik - erheblich von den übrigen Dimensionen.

Die intensive Diskussion über die erwähnten OLAP-Anforderungen haben zur Erweiterung der von Codd aufgestellten Regeln geführt. Die Gartner Group hat beispielsweise neun weitere Anforderungen aufgestellt.[3] Bei diesen zusätzlichen Regeln ist im allgemeinen zu beachten, daß ihre Autoren kommerzielle Interessen verfolgen. Durch die Einführung von Regeln, die ihrer eigenen Software entsprechen, versuchen sie, ihr Produkt hervorzuheben und möglicherweise Marktvorteile zu erreichen.

---

[2]vgl. Mucksch – Das Data Warehouse-Konzept, S.401f
[3]vgl. Mucksch – Das Data Warehouse-Konzept, S.401

Aufgrund der vielen Verwirrungen und wegen des breiten Interpretationsspielraums, den die OLAP-Regeln lassen, gibt es von Pendse und Creeth einen neutralen Ansatz, um *OLAP* in fünf Schlüsselworten zu definieren:

Fast Analysis of Shared Multidimensional Information oder abgekürzt *FASMI*.

FASMI wird im folgenden erläutert:

Fast: Dem Anwender sollen Daten schnell zur Verfügung stehen (maximal 20 Sekunden bei komplexen Abfragen in großen Datenbeständen).

Analysis: Die Analysefunktionalität soll die Anforderungen erfüllen, die im spezifischen Anwendungsfall benötigt werden.

Shared: Die Mehrbenutzerunterstützung mit der Option zur Anlage abgestufter Benutzerprofile und der Möglichkeit konkurrierender Schreibzugriffe muß durch die OLAP-Umgebungen geboten werden.

Multidimensional: Die konzeptionelle, multidimensionale Sicht der Daten mit der Unterstützung komplexer, auch paralleler Hierarchien muß gewährleistet sein.

Information: Die Möglichkeit zur Verwaltung großer Datenbestände muß gegeben sein.

„Um ebenfalls der Flut von Regeln zu entrinnen und allgemeine Standards einzuführen, gründeten die Firmen Arbor Software, Comshare, IRI Software und Pilot Software gemeinsam 1995 das OLAP-Council."[4]

5.4.2. Slice and Dice

Zu beachten ist, daß die zur Visualisierung und Navigation der Daten dienenden Funktionalitäten, die in den folgenden beiden Abschnitten kurz skizziert werden, im Kapitel: „Business Intelligence Tools" detaillierter erläutert werden. Der Grund dafür ist, daß die OLAP-Technologie zwar diese Basisfunktionalitäten den Business Intelligence Tools (*BIT*) zur Verfügung stellt, diese aber die Funktionalitäten konkret einsetzen.

OLAP bietet dem Anwender flexible und individuelle Sichtweisen auf die von ihm selektierten Daten.

Einerseits besteht die Möglichkeit, den Datenpool oder Datenwürfel in einzelne Schichten zu „schneiden" (*Slice*), wodurch der betrachtete Datenwürfel neu determiniert wird. Zum anderen ist es möglich, diesen Würfel von verschiedenen Seiten zu betrachten. So erhält der Anwender durch „drehen", „kippen" oder „würfeln" (*Dice*) jeweils eine neue Perspektive der Daten.

---

[4] Schinzer, Bange, Wehner, Zeile - Management mit Maus und Monitor, S.45

Durch das „*Slice* and *Dice*" Verfahren wird der Anwender bei typischen Geschäftsabfragen unterstützt. Beispiele hierfür sind:

- Welches Produkt hatte in der Region Süd im letzten Quartal den höchsten Umsatz?

- Welche Differenz weist das Produkt B in den Jahren 1994 und 1995 in Berlin im Absatz auf?

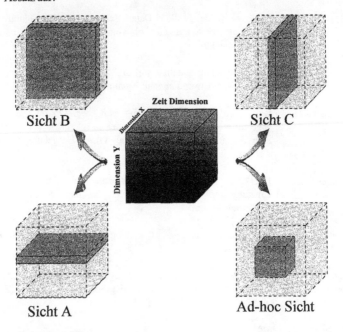

Quelle: eigenständiger Entwurf

Grafik 17: Verschiedene Sichtweisen auf einen Datenbestand durch *Slicing* und *Dicing*

5.4.3. Konsolidierung

Oftmals erweckt das Ergebnis einer Abfrage beim Anwender das Bedürfnis nach detaillierteren Informationen. Beispielsweise möchte ein Manager wissen, wie sich der Umsatz zusammensetzt oder er möchte die Aussagekraft seines Resultats globaler betrachten und zudem die Auswirkungen des Monatsumsatzes auf den Jahresumsatz einsehen. Damit der Anwender diese erwünschten, eventuell informationsgewinnenden Untersuchungen betreiben kann, muß er mit entsprechenden Funktionen zur Datennavigation unterstützt werden. Die folgende Vorarbeit muß geleistet werden:

Für die Gewährleistung einer solchen Leistung müssen Aggregationsstufen (laut Codd: „Konsolidierungsebenen") geschaffen werden, zwischen denen während der Navigation gewechselt werden kann.

Das Unternehmensdatenmodell wird durch seine Dimensionen und Konsolidierungsspfade festgelegt. Ein Konsolidierungspfad beschreibt den Weg einer Informationseinheit durch die vielfältigen Ebenen einer Dimension. Das Datenmodell bildet gleichzeitig den Horizont für spätere Abfrageziele anderer Anwender.

Spätere Modifikationen des Datenmodells aufgrund sich ändernder Anforderungen oder neuer Datenstrukturen sind auf die folgenden zwei Arten durchführbar:

- durch Konvertierung der vorhandenen Datenbasis oder

- durch Anpassung der alten Strukturen an die neuen Gegebenheiten.

Die durchgeführten Veränderungen werden in den Parametern der Konsolidierungspfade und -ebenen protokolliert, wobei diese Parameter Teil der *Metadaten* sind. Dadurch kommt es neben einem hohen Änderungsaufwand zu einer starken Zunahme der *Metadaten*, welches sich in Form einer Verringerung der *Performance* auswirkt.

Da sich Änderungen des Unternehmensdatenmodells im Nachhinein als nachteilig erweisen, ist eine frühe, intensive Kooperation des Administrators mit den Anwendern unerläßlich. Durch die zusätzliche *Verdichtung* der Daten in höheren Konsolidierungsebenen und deren Speicherung in der Datenbank entstehen Redundanzen. Im Vergleich zur operativen Datenhaltung, bei der Aggregate meistens erst während der Anfrage errechnet werden müssen, entsteht bei der Konsolidierung ein Gewinn an *Performance*. Sind diese Vorarbeiten geleistet, kann der Anwender die oben genannten, erwünschten Untersuchungen betreiben. Zur Datennavigation in den Konsolidierungsebenen verwendet *OLAP* dazu die Funktionalitäten *Drill Down* und *Roll Up*. *Drill Down* erlaubt das Navigieren durch Informationen von einer höheren in eine tiefere Konsolidierungsebene, während sein Pendant, das *Roll Up*, eine Bewegung von einer wenig zu einer mehr aggregierten Ebene ermöglicht.

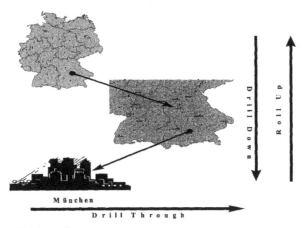

Quelle: eigenständiger Entwurf

Grafik 18: *Drill Down - Roll Up - Drill Through*

5.5. Abgrenzung zu OLTP

Die Ziele und Aufgaben des On-Line Transaction Processing (*OLTP*) und On-Line Analytical Processing (*OLAP*) unterscheiden sich grundsätzlich.[1]

Während der operative Dateneinsatz im Unternehmen durch *OLTP* getragen wird, ist die Unterstützung der dynamischen Datenanalyse - insbesondere zur Entscheidungsunterstützung - die Aufgabe von *OLAP*. Dementsprechend unterscheiden sich auch deren Anforderungen (siehe Tabelle 1: Vergleich *OLTP* - *OLAP*).

Durch Integritätsregeln ist *OLTP* streng an die Normalisierung gebunden, weshalb die Datenhaltung relativ redundanzfrei bleibt. Beim *OLAP* treten im Gegensatz dazu durch die Denormalisierung starke Redundanzen auf. Der Anwender hat beim *OLTP* einen lesenden und schreibenden Zugriff, während er beim *OLAP* i.d.R. nur lesenden Zugriff hat.

Das Datenvolumen beim *OLTP*, welches die Daten der letzten sechzig bis neunzig Tage umfaßt, ist wesentlich geringer als das des *OLAP*, dessen Datenumfang die Daten der letzten fünf bis zehn Jahre umfaßt.

Im Falle vom *OLAP* werden nur entscheidungsrelevante, operative Daten übernommen, wobei aber der Schwerpunkt der zusätzlichen Speicherung in den historischen Datenbeständen liegt. Das Volumen dieser Datenbestände wird dadurch zu verringern versucht, indem mit zunehmendem Alter der Daten deren Aggregationsstufe im Einklang mit den Wünschen des Anwenders erhöht wird.

Ein weiteres OLAP-Merkmal ist die mögliche Einbindung von Erwartungs- und Planwerten. Die Datenmengen einzelner Transaktionen beim *OLTP* werden durch die schnelle Verarbeitung von kleinen Einheiten relativ gering gehalten. Beim *OLAP* dagegen ist die Datenmenge einzelner Transaktionen groß, da typische Abfragen oft Verknüpfungen und Selektionen großer Datenbestände enthalten.

---

[1] vgl. Schinzer, Bange, Wehner, Zeile - Management mit Maus und Monitor

In der folgenden Tabelle werden die unterschiedlichen Anforderungen an *OLTP* und *OLAP* in einer übersichtlichen Form verdeutlicht:

Anforderungen	OLTP	OLAP
Ausrichtung	zweckorientiert	zielorientiert
Zugriff	lesen, ändern und löschen	nur lesender Zugriff
Datenaktualisierung	permanent, pro Transaktion	periodisch
„Alter" der Daten	aktuell (bis max. 60 Tage)	historisch, aktuell, projiziert
Ansicht der Daten	vorgegeben (Tabellen)	wählbar, multidimensional
Niveau der Daten	detailliert	verdichtet, aufbereitet
Datenmenge pro Transaktion	relativ wenig	groß
Normalisierung	sehr wichtig	weniger wichtig
Abfragekomplexität	niedrig	hoch
Systemstabilität	sehr wichtig	weniger wichtig
Anwenderzahl	groß	relativ klein
Arbeitsweise	sich wiederholend; abgeschlossene, definierte Abfragestatements	nicht planbar, spontan; iterativer Analyseprozess

Quelle: Mucksch - Das Data Warehouse-Konzept

Tabelle 1: Vergleich *OLTP - OLAP*

5.6. Architekturkonzepte für OLAP-Server

Den herkömmlichen relationalen Systemen fehlt die Fähigkeit zur Konsolidierung, Ansicht und Analyse der Daten entsprechend der realen Multidimensionalität.

Bei der Konzeption neuartiger Systeme, die besser auf die spezifischen OLAP-Anforderungen ausgerichtet sind, kommen folgende Gestaltungsalternativen in Betracht.[1]

Relationales On-Line Analytical Processing (*ROLAP*)

Bei dem ROLAP-Konzept - auch Virtuelle Multidimensionalität genannt - wird die aus dem operativen Umfeld bekannte relationale Speichertechnologie genutzt, wobei durch zusätzliche Softwarekomponenten auf der Endbenutzer- bzw. Serverseite multidimensionale Sichtweisen auf den Datenbestand erzeugt werden.

Multidimensionales On-Line Analytical Processing (*MOLAP*)

Die Vorgehensweise des MOLAP-Konzeptes beinhaltet den Einsatz von multidimensionalen Datenbanken, die auch hinsichtlich der physikalischen Speichertechnik auf die OLAP-Denkweise ausgerichtet sind, wodurch zusätzliche Geschwindigkeitsvorteile eingebracht werden.

Weiterhin existieren auch weitere Architekturkonzepte[2], wobei der Schwerpunkt dieser Ausarbeitung bei den oben aufgeführten Ansätzen (*ROLAP* und *MOLAP*) liegt.

Aus diesem Grund, werden die folgenden Konzepte jeweils nur kurz erläutert:

Desktop-OLAP (*DOLAP*)

Durch das Bedürfnis der Anwender, Geschäftsabfragen bei Nutzung relativ kleiner Datensätze durchzuführen, ist der DOLAP-Markt ins Leben gerufen worden. Die meisten DOLAP-Systeme wurden als Erweiterungen von Report Generatoren der operativen Systeme entwickelt. Andere wurden zu Beginn der Client - / Server-Entwicklung entworfen, um die Vorteile der Leistung des (derzeitig) neuen PC *Desktop* in Anspruch zu nehmen.

DOLAP-Systeme sind populär und benötigen typischerweise zur Implementierung relativ wenig *IT* (Informationstechnik) Investitionen. Auch stellen diese Systeme sehr mobile OLAP-Operationen für Anwender, die fern vom Arbeitsplatz arbeiten oder viel reisen, zur Verfügung.
Allerdings ist zu beachten, daß die meisten DOLAP-Systeme einerseits auf nur einen Anwender begrenzt sind und andererseits ihnen die Fähigkeit fehlt, große Datenvolumen handhaben zu können.

---

[1] lt. Mucksch - Das Data Warehouse-Konzept
[2] lt. Internet_corvu - Business Insight Beyond OLAP

Hybrid-OLAP

Manche Anbieter stellen die Möglichkeit bereit, direkt von einer multidimensionalen Datenbank auf eine relationale Datenbank zuzugreifen, wodurch das Konzept des *Hybrid-OLAP* zustande kommt. Hierbei wird das Konzept des *Drill Through* implementiert, welches automatisch *SQL* generiert, um detaillierte Datensätze für die weitere Analyse zu extrahieren. Somit empfindet der Endanwender, daß er an der multidimensionalen Datenbank vorbei direkt in die Quellendatenbank „drillt".

Das *Hybrid*-OLAP System kombiniert die Leistung und Funktionalität einer multidimensionalen Datenbank mit der Fähigkeit, auf detaillierte Daten zugreifen zu können. Allerdings werden diese Implementierungen typischerweise jeweils von einem Anbieter unterstützt und die Wartung und Verteilung der Systeme werden dadurch beträchtlich komplex. Zudem sind diese Systeme hinsichtlich ihrer Mobilität relativ begrenzt.

Extended-OLAP

Extended-OLAP Systeme wurden ursprünglich nur auf *Desktops* verwendet, werden mittlerweile aber auch auf Servern eingesetzt. Diese Systeme stellen einen flexiblen Versuch dar, Daten entweder auf einem *Desktop* oder einem Server zu halten. Durch den Desktop-Ursprung dieser Systeme sind die Implementierungen flexibel und benötigen keine vordefinierten Dimensionen, Aggregationen oder Berechnungen. Demzufolge verläuft die Implementierung dieser Systeme wesentlich schneller als bei den anderen OLAP-Ansätzen.

Durch den schon erwähnten Desktop-Ursprung stellen *Extended*-OLAP Systeme dem Anwender einen hohen Grad an Mobilität zur Verfügung. Der Vorteil, der dieser OLAP-Ansatz mit sich bringt, liegt darin, daß der Anwender eine größere Freiheit und Flexibilität besitzt, um die Daten in jede Richtung zu durchforschen.

5.6.1. Das ROLAP-Konzept

5.6.1.1. Argumente für ROLAP

Zur Zeit wird diskutiert, ob sich relationale Datenbanken (*RDB*) außer für das On-Line Transaction Processing (*OLTP*) auch als Speichertechnologie für die Anwendungsklassen des *OLAP* eignen.

Es sprechen gewichtige Argumente dafür, relationale Systeme flächendeckend zu nutzen und folglich auch OLAP-Datenbanken auf Basis relationaler Technologie aufzubauen, wobei Standard Query Language (*SQL*) als verbreitete Standard-Abfragesprache intensiv genutzt werden sollte.

Die Argumente für das ROLAP-Konzept lauten folgendermaßen:

- Relationale Datenbanken sind ausgereift und stabil.

- Die Leistungsfähigkeit relationaler Datenbanken ist unbestritten (siehe Kapitel: „Historie").

- In unzähligen Anwendungsfällen liegt Erfahrung vor.

- In fast jeder größeren und mittleren Unternehmung sind *RDB* im Einsatz und leisten gute Dienste bei unterschiedlichsten Aufgaben.

- Der Schulungsaufwand, der ansonsten bei der Einführung neuer Technologien einen erheblichen Kostenfaktor darstellt, ist durch die langjährige Erfahrung mit relationalen Datenbanken relativ gering, da er sich nur auf die Vermittlung multidimensionaler Modellierungstechniken beschränkt.

- Es besteht durch die langjährige Akkumulation von Know-how in den *DV* Abteilungen das Bedürfnis den innerbetrieblichen Status dieser Abteilungen durch das Nutzen des erworbenen Wissens beim Aufbau und Betrieb managementunterstützender Systeme zu stärken.

- Es herrscht die Verfügbarkeit einer sehr großen Anzahl, oftmals sehr preiswerten, leicht bedienbaren Auswertungstools, die auf die relationale Philosophie aufsetzen. Gleichzeitig wird ein komfortabler Zugang zu den gespeicherten Daten eröffnet.

Im Zusammenhang mit dem ROLAP-Konzept sollten die folgenden Punkte berücksichtigt werden:

Die Datenhaltung für OLAP-Anwendungen kann wegen der geforderten Abfrageperformance nicht mit operativen Datenbank Systemen vorgenommen werden.

Die Beeinträchtigung der operativen Systeme soll vermieden werden.

Die geforderte *Client- / Server Architektur* sowie die angestrebte Mehrbenutzerumgebung schließt eine rein lokale Haltung der Daten aus. Folglich ist eine physikalisch separate Datenbank zu etablieren, die als Datenhaltungs- und Datenverwaltungseinrichtung dient, wobei zusätzlich für den Daten-Import Verbindungen zu den vorgelagerten operativen Systemen existieren.

Eine Übereinstimmung des geistigen Bildes des Endbenutzers bezüglich seines jeweiligen Arbeitsumfeldes mit den ihm dargestellten Informationen muß gewährleistet werden. Hierfür ist eine multidimensionale Präsentationsform der Daten gefordert, wobei komfortable Benutzeroberflächen, schnelle Antwortzeiten, flexible Ad hoc-Auswertungsmöglichkeiten und vielfältige Darstellungsformen der abgefragten Informationen Voraussetzung sind.

5.6.1.2. Anlehnung an konventionelle Architekturschemata

Herkömmliche Entscheidungsunterstützungssysteme bestehen häufig aus einer Kombination von Ad hoc-Reportgeneratoren und relationalen Datenbanken.

Der Aufbau einer OLAP-Lösung, die sich an diesem konventionellen Architekturschema orientiert, erscheint somit tragfähig. Die relevanten Daten werden periodisch in die relationale Speicherkomponente importiert, verdichtet und aufbereitet. Ein Zugriff erfolgt durch die angeschlossenen, konventionellen und bekannten Endbenutzerwerkzeuge. Bei diesem Ansatz treten folgende Probleme auf:

Die weitgehende Unkenntnis des Endbenutzers über die interne Funktionsweise der Lösung führt zu Problemen hinsichtlich der von ihm erstellten Abfragen. Zum Beispiel wird bei Abfragen mit Selektionen auf nicht indizierte Spalten die gesamte Tabelle sequentiell durchsucht. Ein weiteres Beispiel wäre der unbeabsichtigte *Join* zweier umfangreicher Tabellen. Diese beiden aufgeführten Beispiele sind fatal für die Verfügbarkeit und Antwortzeit einer relationalen Datenbank.

Weiterhin ist die erwünschte multidimensionale, externe Sichtweise nicht zufriedenstellend gewährleistet, da die Abfragetools und Tabellenkalkulationen nicht über Mechanismen zur Handhabung von mehrdimensionalem Datenmaterial verfügen.

Zudem ist bei der Formulierung einer Datenabfrage die Kenntnis von Verknüpfungen zwischen einzelnen Tabellen unerläßlich, um logisch zusammengehörige Informationen aus den unterschiedlichen Relationen gemeinsam anzeigen zu lassen. Der betriebliche Entscheidungsträger ist bei der Formulierung derartiger relationaler Abfragen oftmals überfordert.

5.6.1.3. Fat Client Architektur

Um eine multidimensionale, externe Sichtweise gewährleisten zu können, bedarf es einer Umsetzung der mehrdimensionalen Strukturen in Relationen und umgekehrt. Prinzipiell lassen sich diese Transformationsabläufe auf dem Endbenutzerrechner implementieren - die sogenannte *Fat Client Architektur* (siehe Grafik 19: OLAP-Architektur mit Fat Client).

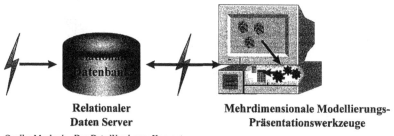

| Relationaler | Mehrdimensionale Modellierungs- |
| Daten Server | Präsentationswerkzeuge |

Quelle: Mucksch - Das Data Warehouse-Konzept

Grafik 19: OLAP-Architektur mit *Fat Client*

Der Name der *Fat Client Architektur* stammt daher, daß dem Client-Rechner nicht nur Repräsentationsaufgaben zugeordnet sind, sondern er neben der Umsetzung von multidimensionalen Abfragen in relationale Aussagen auch die sonstigen Funktionalitäten, wie die Verwaltung eines multidimensionalen konzeptionellen Modells des Datenbestandes, leisten muß. Zudem sind aufwendige Berechnungen, die nicht von relationalen Datenbanken geleistet werden können, lokal auf dem *Client* durchzuführen. Aus verschiedenen Gründen erweist sich dieser Architekturansatz als äußerst unpraktikabel.

Die *Fat Client* Vorgehensweise erfordert eine hohe Prozessorleistung und Speicher-kapazität der *Clients*. Zudem erfolgt eine erhebliche Belastung der Netzwerkverbindung zwischen OLAP-Client und dem Datenbank-Server. Am deutlichsten werden die Schwächen dieses Architekturansatzes, wenn Datenstrukturen geändert werden oder sonstige Administrationsaufgaben entstehen (es herrscht ein Verstoß gegen das „Single Point of Administration" Prinzip).

5.6.1.4. Thin Client Architektur

Insgesamt führen diese Überlegungen zu dem Schluß, daß die wie immer geartete OLAP-Engine auf einem Server zu positionieren ist und lediglich die Repräsentation der Daten auf dem *Client* zu erfolgen hat - die sogenannte *Thin Client Architektur*.
Auch hier lassen sich zwei grundsätzlich unterschiedliche Strategien anwenden:

Bei der ersten Alternative müßte eine funktionale Ergänzung relationaler Datenbanken um multidimensionale Aspekte gewährleistet werden. Da es sich hier allerdings um sehr fundamentale Änderungen handelt, ist eine derartige Lösung zur Zeit noch nicht verfügbar. So reduzieren sich die zur Verfügung stehenden Gestaltungsvarianten auf die zweite Alternative - eine Lösung mit einer separaten OLAP-Engine auf dem Server, die über die Standardschnittstellen auf die Datenbank zugreift und damit Offenheit, Skalierbarkeit und Austauschbarkeit sowohl der Datenbank als auch der OLAP-Engine garantiert.

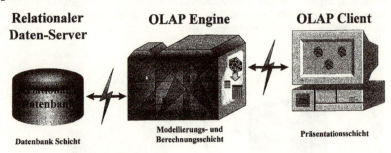

Relationaler Daten-Server — **OLAP Engine** — **OLAP Client**

Datenbank Schicht — Modellierungs- und Berechnungsschicht — Präsentationsschicht

Quelle: eigenständiger Entwurf

Grafik 20: OLAP-Architektur mit separater Transformations- und Berechnungsschicht

Zu beachten ist, daß eine logische Trennung nicht gleichzeitig eine physikalische Trennung mit sich bringt. OLAP-Engine und Datenbank müssen nicht auf getrennten Rechnern installiert werden, wichtig ist der Ablauf in Form logisch separater Prozesse.

Durch diese Zwischenschicht lassen sich die benötigten OLAP-Funktionalitäten weitgehend von der relationalen Datenbank trennen. Allerdings sind die Aufgaben, die dann durch die OLAP-Engine zu übernehmen sind, weitreichend und komplex.

Während die Funktionalität der relationalen Datenbank fast ausschließlich auf die Speicherung und Zurverfügungstellung der Daten reduziert ist, übernimmt die OLAP-Engine neben diversen Transformations- und Verwaltungsfunktionen alle dynamischen Berechnungsvorgänge, die Integration von Mechanismen, die die flexible Navigation ohne Zeitverzug (Beispiel *Drill Down*) ermöglichen, Exception Reporting und Ranglisten-Erstellung (da *SQL* sie nicht abdeckt) und Abfrage- und Kontrollfunktionen. Zudem muß die OLAP-Engine auch Abfrageoptimierungsroutinen durchführen.[3]

Die relationale Datenbank wird trotz der weitgehenden Verlagerung der OLAP-Funktionalität und der Transformationsaufgaben in den Bereich der OLAP-Engine nicht von bestimmten Auswirkungen verschont.

Die Normalisierung zur Vermeidung von Redundanzen erweist sich wegen der hohen Zahl der an einzelnen Abfragen beteiligten Tabellen nicht immer als geeignet, um gute Antwortzeiten zu erreichen.

Dagegen lassen sich Performancegewinne durch die Abkehr von den strengen Normalisierungsvorschriften erlangen, indem eine Zeilenreduktion relationaler Tabellen angestrebt wird. Um zeitraubende Berechnungsvorgänge zur Laufzeit zu vermeiden, können beispielsweise als Spalten bei einer Zeittabelle die zugehörigen Quartals-, Halbjahres- und Jahressummen redundant gespeichert werden.

Zusätzlicher Geschwindigkeitsgewinn bei der Bedienung von Benutzeranfragen ist durch den Einsatz von Indizierungen zu erzielen. Anstatt wie bei OLTP-Lösungen einen Primärschlüssel in jeder Tabelle zu halten, werden bei OLAP-Applikationen alle oder zumindest fast alle Tabellenspalten indiziert. Allerdings ist dabei eine Aufblähung des zu verwaltenden Datenbestandes nicht zu vermeiden, wodurch sich alle Formen von Datenmodifikation verlangsamen.

5.6.2. ROLAP Schemata

Als Datenmodelle des *ROLAP* existieren das *Star-Schema* und das *Snowflake-Schema*. Beide Modellierungstechniken beinhalten eine Denormalisierung und Verbesserung der weit verbreiteten relationalen Strukturen, die durch das *Entity-Relationship Modell* dargestellt werden.

Beide Schemata stellen die Möglichkeit bereit, multidimensionale Daten in einer zweidimensionalen relationalen Datenbank zu repräsentieren.

Die Folge eines optimalen Datenentwurfs sind viele kleine Tabellen mit einer geringen Anzahl von Attributen. Bei typischen Geschäftsabfragen sind viele Verknüpfungen (*Joins*) zwingend, welche sich negativ auf die Antwortzeiten sowie die Systemlast auswirken und gute Datenkenntnisse erfordern.

---

[3] vgl. Mucksch - Das Data Warehouse-Konzept, Kapitel: Relationale OLAP-Speicherkomponenten

5.6.2.1. Das Star-Schema

Ziel des *Star-Schema* ist es, die oben erwähnten Verknüpfungen zu minimieren und die Komplexität der Datenmodelle zu reduzieren.

Innerhalb dieses *Star-Schema* lassen sich grundsätzlich zwei Tabellentypen voneinander abgrenzen. Dies sind einerseits die Fakten-Tabellen (Fact Tables), die die relevanten quantitativen Datenwerte enthalten sowie die diese Werte beschreibenden Attribute. Daneben gibt es die Dimensionstabellen (Dimension Tables), in denen alle Elemente einer Dimension gespeichert sind und die damit die Wertebereiche der Klassen der beschreibenden Attribute bilden.

Der Name *Star-Schema* rührt daher, daß die Dimensionstabellen sternförmig um die zentrale Fakten-Tabelle angeordnet sind (siehe Grafik).

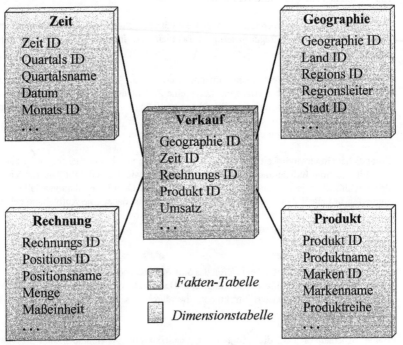

Quelle: Schnitzer, Bange, Wehner, Zeile - Management mit Maus und Monitor

Grafik 21: *Star-Schema* mit Faktentabelle und vier Dimensionstabellen

Redundanzen, die im relationalen Modell durch Normalisierungsregeln vermieden wurden, werden beim *Star-Schema* benötigt, um multidimensionale Strukturen (Dimensionstabellen) auf relationalen Datenbanken abzubilden.

Typisch für die Dimensionstabellen ist deren hohe Anzahl von Attributen, welches die eines relationalen Modells weit übersteigt.

Die Anzahl der Tabellen entspricht immer der Summe von Dimensionen und Fakten-Tabelle, wobei die Fakten-Tabelle das zentrale und wichtigste Glied des *Star-Schema* darstellt.

Die Spalten der Fakten-Tabelle bestehen aus einem Dimensionselement (entsprechend eines Primärschlüssels) einer jeden Dimension und mehreren numerischen Kennzahlen, wodurch eine Transaktion eindeutig definiert wird. Da jede Transaktion in einer eigenen Zeile erfaßt wird, ist die Fakten-Tabelle die größte Tabelle des Schemas.

Innerhalb der „Primärschlüssel" sind die verschiedenen Aggregationsstufen definiert, über welche die Transaktionen der Fakten-Tabelle konsolidiert werden können. Die Fakten-Tabelle wird über die „Primärschlüssel" mit jeder Dimension verbunden.

Die Kennzahlen korrespondieren mit dem „Wieviel" einer Abfrage (beispielsweise Umsatz, verkaufte Einheiten) und können selbst Berechnungsgrundlage für neue Kennzahlen sein.

Mehrere *Star-Schemata* für einzelne Geschäftsbereiche sind möglich, wobei jedoch eine Verknüpfung zwischen den Fakten-Tabellen nicht möglich ist.

Es treten bei dem *Star-Schema* folgende Schwierigkeiten auf:

Die erste Schwierigkeit ist der zu große und teuere Bedarf an Plattenspeicher, welcher durch die Mehrfachspeicherung von Daten hervorgerufen wird.[4]

Weiterhin erweist sich die Abbildung von Hierarchien innerhalb von Dimensionen sowie deren Auswirkungen auf die Fakten-Tabellen als problematisch. Es erfolgt eine redundante Speicherung der verdichteten Zahlenwerte, da die dynamische Ermittlung aggregierter Datenwerte zu inakzeptablen Antwortzeiten führt.

Auch bei den Summenoperationen zeigen sich Schwächen des *Star-Schema* auf. Die erwähnten Operationen werden beim Datenimport abgewickelt, wobei verdichtete Daten in separaten Summentabellen abgelegt werden. Der Vorteil hierbei ist, daß mit den kleineren Summentabellen wesentlich schneller und effektiver gearbeitet werden kann. Nachteilig erweist sich, daß eine bestimmte Aggregationsrichtung festgelegt und damit auch möglicherweise die freie Navigation im Datenraum begrenzt wird. Zudem sind zusätzliche Verwaltungs- und Administrationsbemühungen notwendig. Um dieser Kritik entgegenzuwirken, wurde aus dem *Star-Schema* das *Snowflake-Schema* entwickelt.

---

[4] lt. Schinzer, Bange, Wehner, Zeile - Management mit Maus und Monitor

5.6.2.2. Das Snowflake-Schema

Der Name des *Snowflake-Schema* ergab sich wie beim *Star-Schema* aus dessen Aussehen (siehe Grafik - *Snowflake-Schema* mit Attribut-Tabellen).

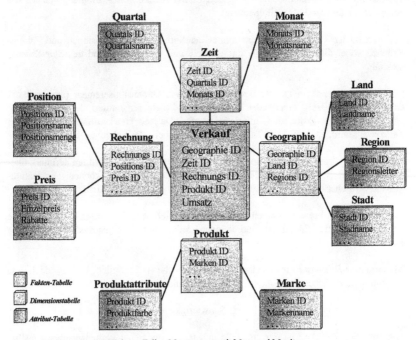

Quelle: Schnitzer, Bange, Wehner, Zeile - Management mit Maus und Monitor

Grafik 22: *Snowflake-Schema* mit Attribut-Tabellen

Der Unterschied dieses Schemas zu dem des *Star-Schema* liegt in den Dimensionstabellen, an denen eine Normalisierung, also eine Verminderung der gewollten Redundanzen, vorgenommen wird. Die Fakten-Tabelle bleibt unverändert.

Anstatt die Dimensionsattribute wie beim *Star-Schema* in einer einzigen Tabelle pro Dimension zu halten, hat hier jedes Dimensionsattribut eine eigene Tabelle.
Folglich stehen in den Dimensionstabellen nur noch die Attributschlüssel, welche auf die dazugehörigen Attribut-Tabellen verweisen.

Ein Vorteil des *Snowflake-Schema* liegt in der reduzierten Anzahl der zu bearbeitenden Zeilen, was eine entsprechende positive Auswirkung auf die *Performance* mit sich bringt.

Ein weiterer Vorteil liegt in der Einsparung der Plattenkapazität.

Nachteile gegenüber dem *Star-Schema* liegen für den Anwender in der komplexeren Datenstruktur, die sich durch die Erhöhung der Verknüpfungstiefe ergibt.

Da es mittlerweile aber Werkzeuge gibt, die als Datenmodell das *Snowflake-Schema* verwenden, dieses aber dem Anwender in einer leichter verständlichen Form verdeutlichen, relativiert sich dieser Punkt.

Eine zusätzliche Alternative der Datenmodellierung bietet das sogenannte Partial *Snowflake-Schema*, wobei eine oder wenige sehr große Dimensionen (ab ca. 100.000 Datensätzen) normalisiert und die restlichen Dimensionen in das gängigere *Star-Schema* gebracht werden.

Die Wahl der Datenmodellierungsart hängt letztendlich von dem Volumen und der Strukturiertheit der vorhandenen relationalen Daten und von der gewünschten *Performance* ab.

5.6.3. ROLAP - Fazit

Es läßt sich feststellen, daß relationale Datenbanken eine mögliche Basistechnologie für die Implementierung von OLAP-Lösungen darstellen.

Allerdings verdeutlichen die aufgezeigten Probleme und Schwächen, daß Schwierigkeiten bei der Umsetzung der OLAP-Anforderungen unvermeidbar sind.

Bei dem Versuch diese Probleme zu bewältigen, werden von den vielfältigen Funktionen der relationalen Datenbanken nur wenige unverändert genutzt und einige sogar mit zusätzlichen Werkzeugen (beispielsweise für die Abfrageoptimierung und Transaktionsverwaltung) überdeckt. Zudem können die verbliebenen Funktionen nicht entsprechend ihrer ursprünglichen Bestimmung eingesetzt werden, sondern müssen an veränderte Anforderungen angepaßt werden (etwa durch Denormalisierung).

Es stellt sich somit die Frage, ob das ROLAP-Konzept die optimale Gestaltungsalternative zur besseren Ausrichtung auf die spezifischen OLAP-Anforderungen darstellt.

5.6.4. Das MOLAP-Konzept

5.6.4.1. Aufbau multidimensionaler Datenbanken

Neben der oben erörterten Möglichkeit, vorhandene relationale Systeme durch Zusatzmodule OLAP-fähig zu gestalten, besteht auch die Gestaltungsalternative ein multidimensionales OLAP (*MOLAP*) zu kreieren. In diesem Fall wird auf physikalisch vorhandene, multidimensionale Datenbanken zugegriffen.

Der mögliche Aufbau einer multidimensionalen Datenbank mit den unterschiedlichen Softwarekomponenten wird in der folgenden Grafik dargestellt.

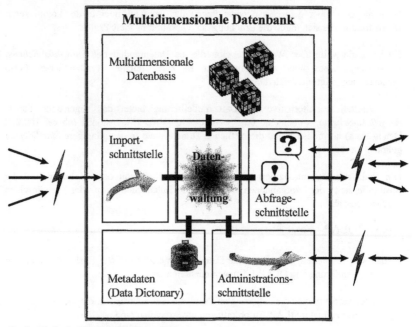

Quelle: Mucksch - Das Data Warehouse-Konzept

Grafik 23: Aufbau multidimensionaler Datenbanken

Aus den operativen Systemen fließen die Daten verdichtet und gesäubert über die Datenimport-Schnittstelle in die multidimensionale Datenbank ein, um hier in der Datenbasis gespeichert zu werden.

Das Datenbankverwaltungsmodul bietet den einzigen Zugriff auf die in der Datenbasis gespeicherten Informationen, kontrolliert und koordiniert die einzelnen Komponenten der multidimensionalen Datenbank und nimmt die korrekte Zuordnung von eingehenden und ausgehenden Datenströmen bezüglich des physikalisch gespeicherten Datenbestands vor. Zudem soll eine Transaktions- und Benutzerverwaltung gewährleistet sein.

Das konzeptionelle multidimensionale Datenmodell - die logische Organisation des Datenbestandes - ist im *Data Dictionary* hinterlegt.

Der Datenbankadministrator hat die Aufgabe, grundlegende strukturelle Änderungen des Datenmodells durchzuführen. Dieses wird ihm durch eine separate Schnittstelle zum System und spezielle Administrationstools ermöglicht.

Alle Abfragen werden über die Abfrageschnittstelle an die Datenbankverwaltung weitergeleitet, wobei syntaktische Fehler gleich abgefangen und Abfrageoptimierungen durchgeführt werden.

5.6.4.2. Entwicklung

Seit mehreren Jahren wird die multidimensionale Speichertechnik von verschiedenen Produktanbietern im Bereich der Managementunterstützung forciert. So sind seit vielen Jahren Programme verfügbar, die eine multidimensionale Sicht auf den Datenbestand gewährleisten, wobei diese Produkte zuerst nur auf den Großrechnerbereich, seit Mitte der 80er Jahre aber auch auf Personal Computer ausgerichtet sind. Diese Programme verwalten selbständig Daten ohne externe Datenzugriffe durch Programme anderer Hersteller zuzulassen. Zunächst durch Zusatzprodukte um EIS-Funktionalitäten erweitert, haben sich die ursprünglichen Tools zu breiten Produktspektren weiterentwickelt. Im Zuge der allgemeinen Entwicklung zu *Client-/Server-Architekturen* versuchen die Hersteller zur Zeit multidimensionale Datenbanken, die isoliert betrieben werden, anzubieten. Allerdings sind dabei die Datenbanken mit den zugehörigen Tools auf der Client-Seite so eng miteinander verbunden, daß der Einsatz dieser Datenbanken zwangsläufig zu herstellerspezifischen Lösungen führen muß.

Als überlegenes Architekturmuster erweisen sich hard- und softwareseitige Kombinationen von Spezialkomponenten, die miteinander über genau spezifizierte, dokumentierte und anerkannte Schnittstellen interagieren. Bei relationalen Datenbanken ist diese Schnittstelle durch die Datenbanksprache *SQL* gegeben. *SQL*, mit seinem vom American National Standard Institute (ANSI) genormten Sprachumfang, bietet den kleinsten gemeinsamen Nenner, den fast alle Anbieter exakt abdecken, auch wenn dieser durch herstellerspezifische Ergänzungen teilweise erheblich erweitert wird.

Auch im OLAP-Bereich wurde Januar 1995 eine Normierungs- und Standardisierungskommission (OLAP-Council) gegründet, dessen Ziel die Verabschiedung gemeinsamer Standards ist. Seit September 1996 ist eine definierte Standardschnittstelle für OLAP-Systeme (im Sinne eines multidimensionalen *ODBC*) verfügbar. Somit sollen multidimensionale Datenbanken zu offenen Systemen forciert werden. Selbstverständlich ist diese Standardschnittstelle auch für die Anbieter relationaler Datenbanken relevant.

5.6.4.3. Speicherung und Zugriff

Der MOLAP-Server lädt Daten, bereinigt und aggregiert diese und legt sie in einer mehrdimensionalen *Array*- (Zell-) Struktur ab. Ein *Array* faßt Datenelemente gleichen Datentyps unter einem gemeinsamen Namen zusammen bzw. ordnet die Daten hierarchisch entlang mehrerer Dimensionen an. Durch Indizierung des Array-Namens werden die Elemente des *Array* angesprochen.

Dieses Verfahren alloziert statisch für alle potentiell möglichen Elemente Speicher, der auch bei Elementlöschung nicht dynamisch wieder freigegeben werden kann. Die Speicherung erfolgt in Kreuztabellen, welche leichter den erwünschten „Würfelblick" auf die Daten geben.

- Der Zugriff kann über eine direkte Berechnung der Speicheradresse erfolgen und ist somit schneller und einfacher als bei relationalen Datenbanken.

- Codd fordert zurecht in seiner 7. Regel die effiziente Behandlung von Leerfeldern in Datensätzen, da die Leerfelder zu einem schnellen exponentiellen Wachstum führen.

5.6.4.4. Schwachstellen

Bei der Betrachtung multidimensionaler Datenbanken ergeben sich folgende Kritikpunkte:

Anbieterkreise kritisieren an der oben erwähnten Standardschnittstelle, daß sich diese mit über hundert Funktionsaufrufen als sehr komplex erweist. Ob auch kleinere Anbieter diese *API* in ihre Produkte integrieren können, bleibt abzuwarten.

Nicht nur die nicht standardisierten Programmierschnittstellen, sondern auch Zugriffe, Backup- und Restore-Mechanismen der multidimensionalen Datenbanken sind den relationalen Datenbanken weit hinterher.

Ein weiterer Grund, der gegen den Einsatz von multidimensionalen Datenbanken spricht, ist die Verwaltung von Datenwürfeln mit vielen dünnbesetzten Dimensionen. Diese entstehen durch die Tatsache, daß multidimensionale Datenbanken für jede Kombination aller Wertebereiche eine Zelle bereit halten. Es entstehen Leerzellen und leere Würfel.

Das Datenvolumen wächst bei zunehmender Anzahl von Dimensionen exponentiell an, da alle Konsolidierungen i.d.R. zum Zeitpunkt des Datenimports berechnet werden und zusätzlich zu den ursprünglichen Daten gespeichert werden müssen.

Derzeit lassen sich multidimensionale Datenbanken nur bei einem Datenvolumen bis ca. 20 Gigabyte sinnvoll einsetzen.

Bei größeren Datenbeständen nehmen Ladevorgänge inakzeptable Zeitspannen in Anspruch. Die Firma Arbor Software hingegen behauptet, daß ihr neuer MOLAP-Server bis zu 120 Terabytes verarbeiten kann, wobei diese Äußerung nicht bestätigt werden kann.[5]

Weiterhin zeigt sich der Mangel an Transparenz bezüglich der Datenorganisation, d.h. die bewußte Verschleierung der internen Funktionsweise durch die Anbieter, als eine Schwachstelle auf. Im Gegensatz dazu sind bei relationalen Datenbanken die internen Funktionsweisen - verwendete systeminterne Speichertechniken, Aufbau von *Data Dictionaries* oder Zusammenwirken von Serverprozessen - weitgehend offengelegt und leicht zugänglich.

Zudem erfordert der Schulungsaufwand, der bei der Einführung neuer Technologien einen erheblichen Kostenfaktor darstellt, bei der Nutzung multidimensionaler Datenbanken neben der Vermittlung multidimensionaler Modellierungstechniken auch eine umfassende Einarbeitung in die Funktionsweise der eingesetzten Werkzeuge.

Anschließend wird den multidimensionalen Datenbanken bisweilen fehlende Robustheit und Zuverlässigkeit insbesondere in Multi User-Umgebungen nachgesagt.

---

[5] vgl. Schinzer, Bange, Wehner, Zeile - Management mit Maus und Monitor

5.6.5. MOLAP - Fazit

Zu beachten ist, daß trotz der oben aufgeführten Kritikpunkte multidimensionale Datenbanken in ihrer heutigen Form erst seit wenigen Jahren verfügbar sind, während die Entwicklung relationaler Konzepte bis in die frühen 70er zurück reicht. Auch die kommerziellen relationalen Datenbanken hatten über 15 Jahre Zeit, um zu reifen und zusätzliche Funktionalität zu erwerben.

„Somit bleibt insgesamt festzuhalten, daß - aufgrund ihrer spezifischen Ausrichtung an die Modell- und Vorstellungswelt betrieblicher Entscheidungsträger - multidimensionale Datenbanken einen vielversprechenden Ansatz darstellen, um als Speichertechnologie eine Verbesserung bei der Unterstützung der vielfältigen Managementaufgaben erreichen zu können."[6]

5.6.6. ROLAP vs. MOLAP

Seit dem Aufkommen der beiden erläuterten OLAP-Konzepte, *ROLAP* und *MOLAP*, haben sich die entsprechenden Anbieter in zwei Fronten aufgeteilt. Kontinuierlich werden die Vorzüge und Nachteile der jeweiligen OLAP-Architekturen bestritten und diskutiert.

Im folgenden wird ein Überblick der wesentlichen Vor- bzw. Nachteile der beiden erwähnten Konzepte geboten:

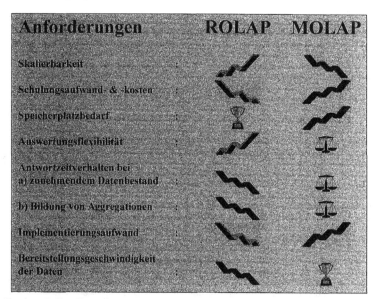

Quelle: eigenständiger Entwurf

Grafik 24: Vergleich *ROLAP - MOLAP*

---

[6] Mucksch - Das Data Warehouse-Konzept, S. 423

Die Vorteile von *ROLAP*:

- ROLAP-Architekturen sind durch die Tatsache, daß sie wesentlich größere Datenvolumen handhaben können als MOLAP-Architekturen, bedeutsam einfacher und in einem größerem Umfang erweiterbar - sie verfügen über eine höhere Skalierbarkeit.

- Der Schulungsaufwand, der ansonsten bei der Einführung neuer Technologien einen erheblichen Kostenfaktor darstellt, ist durch die langjährige Erfahrung mit relationalen Datenbanken relativ gering, da er sich nur auf die Vermittlung multidimensionaler Modellierungstechniken beschränkt.

- Relationale Datenbanken speichern nur die vorkommenden Wertekombinationen, wodurch der Speicherplatzbedarf relativ gering gehalten wird.

- Die relationale Speicherungstechnik ist durch eine hohe Auswertungsflexibilität ausgezeichnet - jede beliebige Zuordnung und ungeplante Auswertung ist möglich.

Die Nachteile von *ROLAP*:

- Die Erhöhung des Datenbestandes führt zu einer annähernd steigenden Antwortzeit.

- Bei relationaler Speicherung werden Aggregationen erst während der Laufzeit gebildet. Dieser Vorgang wirkt sich negativ auf das Antwortzeitverhalten aus.

Die Vorteile von *MOLAP*:

- *MOLAP* kann Informationen schneller als *ROLAP* bereitstellen, da die Daten schon kalkuliert und aggregiert in der entsprechenden Hierarchieebene gespeichert sind.

- Die Erhöhung des Datenbestandes hat eine unwesentliche Auswirkung auf das Antwortzeitverhalten.

Die Nachteile von *MOLAP*:

- Die Flexibilität von *MOLAP* ist eingeschränkt, da die Dimensionen und die Aggregationen vordefiniert sind (Problem bei einzelwertabhängigen Funktionen - z.B. Korrelationen).

- Die Implementierung ist durch die Tatsache, daß Unternehmungen umfangreiche Ressourcen in die Implementierung eines MOLAP-Konzepts investieren müssen, relativ komplex und kostenintensiv.

- Die Komplexität dieses Konzeptes veranlaßt eine große *IT* Beteiligung, wodurch der Analytiker, der typischerweise ein betriebswirtschaftlicher Anwender ist, einer bedeutenden Abhängigkeit von der *IT* ausgesetzt ist. Daher wird einer der Hauptvorzüge der OLAP-Technologie - nämlich die Fähigkeit, Informationen ohne Unterstützung von *IT* Professionellen analysieren zu können - bedeutend abgeschwächt.

- Die Nutzung multidimensionaler Datenbanken erfordert neben der Vermittlung multidimensionaler Modellierungstechniken auch eine umfassende Einarbeitung in die Funktionsweise der eingesetzten Werkzeuge und führt somit zu hohem, kostenintensiven Schulungsaufwand.

- Multidimensionale Datenbanken halten für jede Kombination aller Wertebereiche eine Zelle bereit (Problem der Leerzellen und leeren Würfel).

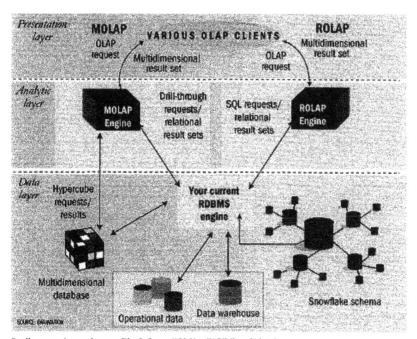

Quelle: www.datamation.com/PlugIn/issues/1996/april15/04beval1.html

Grafik 25: Vergleich von ROLAP- und MOLAP-Architekturen

MOLAP und *ROLAP* teilen sich manche architektonische Elemente und unterscheiden sich bei anderen drastisch. Beispielsweise sind sich ihre Schnittstellen zur analytischen Schicht sehr ähnlich, während die *Backend* Datenbestände nicht unterschiedlicher sein könnten.

Bei der ROLAP-Architektur spielt *SQL* eine zentrale Rolle, während die MOLAP-Architektur sie lediglich für das *Drill Through* verwendet.

5.6.7. Auswahl einer Architekturform

Sowohl relationale als auch multidimensionale OLAP-Server-Lösungen haben ihre spezifischen Vorzüge und Nachteile. Die Entscheidung für eine Architekturform muß sich somit an den gegebenen Rahmenbedingungen und insbesondere an der zu lösenden betriebswirtschaftlichen Problemstellung orientieren.

Eine Hilfestellung bei der Auswahl einer Server-Gestaltungsform kann gegebenenfalls durch einen individuell gewichteten Kriterienkatalog gegeben werden, wie er in der folgenden Tabelle vorgeschlagen wird:

Datenbank-Architektur	Kooperation mit Frontend-Tools
Kapazität	Spreadsheet-Schnittstelle
Daten-Typen	Application Programming Interface
Multiuser-Schreibrechte	Componentware
Durchgriff zu anderen Datenbasen	Unterstützung weiterer Anbieter
Reorganisationsdauer und -häufigkeit	Proprietäre Frontend-Tools
Modellierung und Berechnung	**Zugriff auf Vorsysteme**
Hierarchien (parallele, unbalancierte, etc.)	Datenformate
Integrierte Zeitlogik	Error-Logbuch
Funktionen	Pflege von Dimensionselementen
Verknüpfung von Würfeln	Pflege von Dimensionshierarchien
Inkrementelle Rekalkulation	Mappings auf Elementenebene
Voraggregation	Drill-Through
Abfragesprache	**Server-Entwicklungsumgebung**
Bildung von Untermengen	Befehlsvorrat
Heterogene Granularitäten	Modelländerung
Geschwindigkeit	**Zugriffsschutz**
Antwortzeiten	Beschränkung von Nutzerrechten
Tuning-Tools	

Quelle: Mucksch - Das Data Warehouse-Konzept

Tabelle 2: Kriterienkatalog für die Auswahl von OLAP-Servern

5.6.8. ROLAP / MOLAP - ein Ausblick

Zukünftig ist zu erwarten, daß relationale und multidimensionale Technologien noch enger zusammenrücken werden.

Falls es gelingen sollte, allgemein anerkannte *APIs* zu etablieren, steht einer Koexistenz der ROLAP- und MOLAP-Konzepte, in der die einzelnen Datenbanken entsprechend ihrer spezifischen Vorzüge eingesetzt werden, nichts entgegen. Daneben werden derzeit von den Anbietern der verbreiteten relationalen Datenbanken massive Anstrengungen unternommen, um ihre Werkzeuge mit multidimensionaler Funktionalität zu erweitern. Welche Strategie sich in diesem äußerst dynamischen Markt langfristig durchsetzen kann, ist derzeit noch absolut offen.

5.7. Zusammenfassung und Ausblick

Das *On-Line Analytical Processing* bildet einen formalen Gestaltungsrahmen für den Aufbau und die Nutzung von Informationssystemen zur Unterstützung des Managements. Somit scheint mit dem Begriff „*OLAP*" endlich ein Konzept gefunden zu sein, das die vielfältigen Anforderungen des Managements an eine angemessene informationstechnologische Unterstützung zusammenfaßt und gewährleistet.

Zu der OLAP-Technologie lassen sich zahlreiche und vielfältige Softwareprodukte zuordnen - die zum Teil schon seit Jahren verfügbar sind. Die auf dem Markt verfügbaren Produkte weisen beachtliche Leistungsmerkmale auf. Allerdings besteht auch beim *OLAP* die Gefahr, daß sich diese Technologie als Modetrend erweist und somit nach kurzer Zeit wieder in den Hintergrund rücken könnte.

Derzeit dreht sich die öffentliche Diskussion einerseits um isolierte technische Realisierungsfragen und andererseits um die Vor- und Nachteile unterschiedlicher Gestaltungsalternativen und Architekturvarianten der OLAP-Technologie.

Als anzustrebende Lösung wird ein System in Form einer Kombination aus den Vorzügen der klassischen Decision Support Systeme, der Executive Information Systeme, der Datenbanken sowie der Tabellenkalkulationsprogramme gefordert. Die Hauptvorteile dieser Systeme lassen sich folgendermaßen zusammenfassen:

Decision   Support   Systeme
- die Modellierungsmöglichkeiten und analytische Funktionalität -

Executive   Information   Systeme
- die intuitive Bedienbarkeit -

Datenbanken
- die Kapazität, Sicherheit und Standardisierung -

Tabellenkalkulationsprogramme
- die Ad hoc-Flexibilität und Formatierungsoptionen -

Ausschlaggebend für die langfristige und dauerhafte Nutzung von *OLAP* ist die Integration in die vorhandene und zukünftig geplante Informationsverarbeitungs-infrastruktur eines Unternehmens. Obwohl diese Integration anspruchsvoll und ressourcenintensiv ist, stellt sie einen kritischen Erfolgsfaktor dar. Leider werden oftmals die Belange des Nutzers in der Diskussion vernachlässigt. Dabei ist den Managern und Analytiker gleichgültig, auf welcher technologischen Plattform die Informationsbasis aufbereitet wird. Viel interessanter und relevanter für den Anwender ist die Ausgestaltung, die Handhabung und die Funktionalität des Informationsangebotes.

Es bleibt abschließend festzuhalten, daß sich der Fokus der Diskussion zukünftig mehr auf die betriebswirtschaftlich-organisatorischen Gestaltungsaspekte verschieben muß. Erst das Verständnis von *OLAP* als ein in die DV-Umgebung zu integrierendes Element wird das langfristige Bestehen der OLAP-Technologie als Unterstützung des Managements sichern.

6. Business Intelligence Tools

6.1. Definition und Richtlinien

Ein Business Intelligence Tool (*BIT*) ist ein *Frontend*, welches im Rahmen eines *EIS* auf eine OLAP-Lösung aufgesetzt wird und zur Präsentation der entscheidungsorientiert modellierten Daten für den Endanwender dient.

Im Unterschied zu früheren Ansätzen (siehe Kapitel: „Entscheidungsorientierte Informationssysteme") basieren die in moderne *BIT* erstellten Berichte meist auf multidimensionalen Modellen. Insofern werden dem Endanwender höhere Interaktionsmöglichkeiten durch das Verändern der Sicht auf die Daten eingeräumt.

Ausgehend von den schlechten Erfahrungen im Umgang mit früheren *MIS* wurden Richtlinien erarbeitet, die als Vorgabe für moderne *BIT* herangezogen werden können:[1]

Informationen müssen auf den Endanwender zugeschnitten sein.

Diese Richtlinie führt zur Verdichtung und somit zur Datenreduktion der zu präsentierenden Berichte.

Informationen sind den Bezugsgrößen zuzuordnen.

Die Darstellung der aktuellen Informationen in Relation zu Plan- und (oder) Vergangenheitswerten ermöglicht Vergleiche und erhöht damit die Aussagekraft.

Grafische Darstellungen sind tabellarischen meist überlegen.

Grafische Darstellungen sollten als Präsentationsalternative zu tabellarischen Darstellungen eingesetzt werden, um eine weitaus höhere Übersichtlichkeit zu gewährleisten.

Die Überblicks- und Detailinformationen müssen getrennt werden.

Je nach Bedarf werden verschiedene Informationstypen benötigt. Im Falle von berichtenden Informationen genügen Überblicksinformationen, während bei einem Entscheidungsprozeß Detailinformationen angebracht sind.

Außergewöhnliche Datenkonstellationen müssen hervorgehoben werden.

Durch verschiedene Farbkombinationen können kritische oder interessante Kennzahlen hervorgehoben werden. Beispielsweise könnte ein über dem Planwert liegender Umsatz grün und ein darunter liegender, kritischer Umsatzwert rot gekennzeichnet werden.

---

[1] lt. Schinzer, Bange, Wehner, Zeile - Management mit Maus und Monitor

6.2. Abgrenzung zu Data Warehouse und OLAP

Wie in dieser Arbeit schon erwähnt, stellt das *BIT* die dritte Ebene eines *EIS* dar (siehe Kapitel: „Entscheidungsorientierte Informationssysteme").

„Der Aufbau eines *Data Warehouse* und die Modellierung der Informationen nach dem OLAP-Ansatz dient nur einem Zweck: Informationen entscheidungsorientiert zu analysieren und den Anwendern zu präsentieren."[1]

Bei der Auswahl des *BIT* wird meistens der Funktionalität, dem Bedienkomfort und der Erscheinungsform der verfügbaren Produkte eine übertriebene Bedeutung beigemessen. Dabei werden die beim *BIT* wichtigen Kriterien der Skalierbarkeit und Offenheit oftmals vernachlässigt bzw. in den Hintergrund gerückt.

| Data Warehouse mit strukturierter Datenbank | OLAP Engine mit multidimensionalen Datenbanken | Business Intelligence Tool als Frontend |

Quelle: eigenständiger Entwurf

Grafik 26: Abgrenzung zu *Data Warehouse* und *OLAP*

Sämtliche Funktionalitäten, wie beispielsweise die der Datennavigation, werden von der OLAP-Technologie, die auf einem *Data Warehouse* aufgesetzt ist, dem *BIT* zur Verfügung gestellt.

Das *BIT* stellt für den Endanwender die einzig sichtbare und damit wichtigste Komponente eines *EIS* dar. Dieses *Frontend* dient aber lediglich zur Präsentation der im *Data Warehouse* gespeicherten und vom *OLAP* modellierten Betriebsdaten (siehe Grafik 26: Abgrenzung zu *Data Warehouse* und *OLAP*).

---

[1] Schinzer, Bange, Wehner, Zeile - Management mit Maus und Monitor, S.54

6.3. Anforderungen an BIT

Die Anforderungen an *BIT*s lassen sich folgendermaßen einteilen:[1]

Oberflächen

Da ein *BIT*, wie auch das *Data Warehouse*, jeweils individuell auf ein Unternehmen zugeschnitten werden muß, bedeutet dies vor allem, daß für die Benutzung des *BIT* eine spezielle Anwenderoberfläche kreiert werden muß.

Je höher die Managementebene, desto einfacher und spezieller werden die Oberflächen gestaltet. Dennoch sind auch für die durch eigene, wenige Menüs, Buttons usw. gekennzeichneten Anwenderoberflächen der Topmanager gewisse Standardoberflächen für die Erstellung einer BIT-Anwendung vorteilhaft.

Das mittlere Management verwendet Standardoberflächen zur Analyse der mit Hilfe eines multidimensionalen Modells gewonnenen Daten. Diese Oberflächen stammen entweder von herstellereigenen Werkzeuge zur Betrachtung der Würfel oder von Tabellenkalkulationsprogrammen wie beispielsweise Microsoft Excel.

Sicherheitsmechanismen

Führungskräfte zeigen grundsätzlich bei der Nutzung von Netzwerken hinsichtlich des Datenschutzes eine gewisse Skepsis. Sämtliche Daten in einem *EIS* müssen gegen unbefugten Zugriff durch ein umfassendes Sicherheitssystem geschützt werden. Daraus folgt, daß ein *BIT* ein Sicherheitskonzept benötigt, welches einerseits auf die Sicherheitsmechanismen des *Data Warehouse* zurückgreift, andererseits aber auch schon im *BIT* den Zugriff auf bestimmte Teile der Oberfläche und damit der Daten steuert.

Der Grad des Zugriffs hat eine direkte Auswirkung auf die Gestaltung der Oberfläche - ein stark eingeschränkter Zugriff führt zu einer einfach erscheinenden und einfach zu bedienenden Anwenderoberfläche. Ganz einfach zu bedienende BIT-Anwendungen gestatten nur den Zugriff auf bestimmte Analysen, die nicht verändert werden können. Viele Produkte erlauben dem Anwender eigene Berechnungen durchzuführen, was beispielhaft für die mittlere Interaktionsfähigkeit ist. Im Falle hoher Interaktionsfähigkeit kann der Anwender Modelldefinitionen, Datenbankzugriffe und das Layout modifizieren. Das Maß der Interaktionsfähigkeit sollte jeweils auf die Fähigkeiten des Anwenders abgestimmt sein.

Individualisierbarkeit

Die Anpassung an die persönliche Arbeitsweise des Anwenders kann durch ein Expertensystem gewährleistet sein, welches durch „Beobachtung" des Anwenders lernt. Eine weitere Alternative wäre die halb- oder vollautomatische, manuelle Anpassung des *BIT*, basierend auf eine Auswertung der Gewohnheiten des Anwenders (Auswertungsmethoden, Arbeitsgeschwindigkeit usw.).
Mit zunehmender Übung des Anwenders rückt die Individualisierbarkeit eher in den Hintergrund, da eine spezielle Anpassung an jeden Anwender nicht mehr so entscheidend für die Akzeptanz des Systems ist.

---

[1] lt. Schinzer, Bange, Wehner, Zeile - Management mit Maus und Monitor

Integration von Standardanwendungen

Durch die Integration von Standardanwendungen wird die Funktionalität und Flexibilität des *BIT* stark erweitert. Aus diesem Grund wird diese Anforderung von vielen auf dem heutigen Markt verfügbaren BIT-Anwendungen bereits erfüllt.

Mehrbenutzerfähigkeit

Die Bearbeitung im Team setzt die Mehrbenutzerfähigkeit des Systems voraus. Als innovatives Beispiel, dem zur Zeit kaum ein *BIT* gerecht wird, wäre die Bearbeitung im Team (Groupware) zu nennen.

6.4. Visualisierung und Navigation

Das zentrale Anliegen der verschiedenen BIT-Produkte liegt in der anschaulichen Visualisierung und einfachen Navigation der mehrdimensionalen Datenwürfel, um dadurch ein leichtes Verständnis der angebotenen Zahlenwerte bei dem Endanwender zu erzielen.

Die folgenden Methoden zur Visualisierung und Navigation der zu analysierenden Daten wurden schon in den Abschnitten „Slice and Dice" und „Konsolidierung" innerhalb des Kapitels: „On-Line Analytical Processing" erläutert, da diese Funktionalitäten von der OLAP-Technologie gewährleistet werden. BIT-Anwendungen greifen auf diese Funktionalitäten zu, verwenden sie und ermöglichen die Visualisierung und Navigation der zu analysierenden Daten. Aus diesem Grund werden die Methoden zur Navigation und Visualisierung der Daten hier noch einmal detaillierter aufgeführt.

6.4.1. Slice and Dice

Die wesentliche Abfragetechnik bei BIT-Anwendungen wird durch den Dimensionsschnitt (= *Slice*) dargestellt.

Die Methode des Dimensionsschnitts oder *Slicing* ist aufgrund der darstellungsbedingten Notwendigkeit zur zweidimensionalen Projektion des Datenbestandes im Rahmen der Abfrage entstanden (siehe **Grafik 17: Verschiedene Sichtweisen auf einen** Datenbestand durch *Slicing* und *Dicing*).

Das *Slicing* zeichnet sich durch die Selektion und Extraktion des gewünschten Abfrageergebnisses als Datenteilmenge des zugrunde liegenden Datenbestandes aus. Üblicherweise werden dabei die Elemente zweier Dimensionen angezeigt, während die restlichen Dimensionen jeweils auf ein Element fixiert bleiben.

Durch die oben erläuterte Funktionalität ist die Visualisierung der Daten des gewünschten Abfrageergebnisses gewährleistet. Weiterhin muß als wesentliches Qualitätskriterium eines *BIT* die Option zur intuitiven und spontanen Datennavigation gegeben sein. Die problemgerechte Auswahl der gewünschten Informationsinhalte soll durch einfache Mausklicks erfolgen, ohne daß sich der Anwender durch verzweigte Menüstrukturen oder unübersichtliche Folgen von Bildschirmfenstern bewegen muß.

Als gebräuchliche Technik hierzu bieten die meisten BIT-Anwendungen das sogenannte *Dicing* („Würfeln") an. Mit Hilfe dieser Funktionalität soll der Datenwürfel in alle Richtungen gedreht werden, um aus verschiedenen Perspektiven auf die ausgewählten Informationen blicken zu können.

6.4.2. Drill Down

Beim kennzahlengestützen Berichtswesen erhalten die Entscheidungsträger auf der obersten Ebene hochaggregierte (konsolidierte) Daten mit einem beschränkten Aussagewert. Folglich sollte dem Empfänger dieser Daten die Möglichkeit gegeben werden, die ihm vorliegenden Verdichtungen schrittweise abzubauen, um somit ihr Zustandekommen zu verstehen und eine Interpretation vornehmen zu können. Im Extremfall bedeutet dies, daß dem Anwender die Möglichkeit eingeräumt wird, auf den operativen Datenbestand des Unternehmens zuzugreifen und die Richtigkeit der Daten auf „Belegebene" zu überprüfen.

Quelle: eigenständiger Entwurf

Grafik 27: *Drill Down*

6.4.3. Roll Up

Analog zum *Drill Down* muß eine BIT-Anwendung die Option bieten, Informationen unabhängig vom gewählten Einstieg in den Datenwürfel immer weiter zu verdichten. Somit stellt das *Roll Up* das Pendant zum *Drill Down* dar.

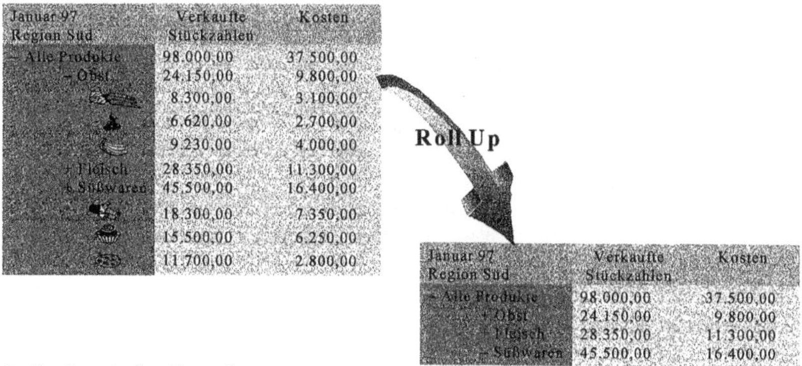

Quelle: eigenständiger Entwurf

Grafik 28: *Roll Up*

Hierbei existieren fundamentale Unterschiede zwischen den einzelnen auf dem Markt verfügbaren Produkten. Einige Systeme berechnen die Verdichtungen im Vorfeld und speichern die Summenwerte als separate Felder in der Datenbasis ab, während bei vielen anderen Lösungen die Berechnung dynamisch bei Eingabe der Abfrage durchgeführt wird (siehe Kapitel: „On-Line Analytical Processing").

Die hohe Flexibilität, die moderne BIT-Anwendungen bieten müssen, läßt eine dynamische Berechnung trotz Laufzeitbelastung als sinnvoller erscheinen, da im Vorfeld nicht alle möglichen Verdichtungen bekannt sein müssen.

6.4.4. Drill Through

Neben den gegebenen Möglichkeiten des *Drill Down* und *Roll Up* müssen BIT-Anwendungen zudem dem Anwender die Option des *Drill Through* zur Verfügung stellen.

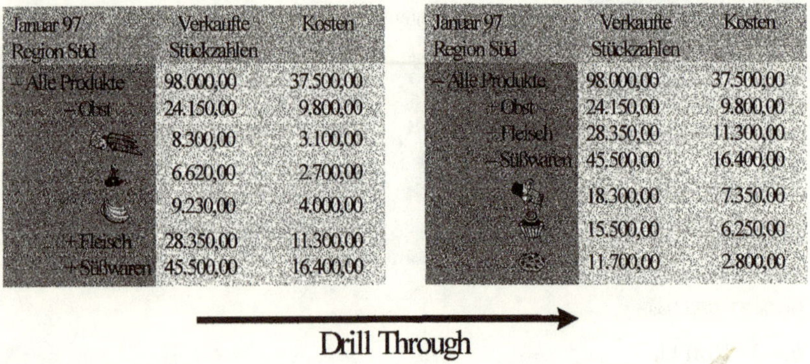

Januar 97 Region Süd	Verkaufte Stückzahlen	Kosten	Januar 97 Region Süd	Verkaufte Stückzahlen	Kosten
– Alle Produkte	98.000,00	37.500,00	– Alle Produkte	98.000,00	37.500,00
– Obst	24.150,00	9.800,00	+ Obst	24.150,00	9.800,00
	8.300,00	3.100,00	Fleisch	28.350,00	11.300,00
	6.620,00	2.700,00	– Süßwaren	45.500,00	16.400,00
	9.230,00	4.000,00		18.300,00	7.350,00
+ Fleisch	28.350,00	11.300,00		15.500,00	6.250,00
+ Süßwaren	45.500,00	16.400,00		11.700,00	2.800,00

Drill Through →

Quelle: eigenständiger Entwurf

Grafik 29: *Drill Through*

Mit dieser Methode der Datennavigation wird bei einem beliebig gewählten Schnitt durch den Datenwürfel die Sicht auf benachbarte Daten bzw. Dimensionselemente (beispielsweise: andere Region; anderes Produkt; anderer Monat) beschrieben.

Bei verschiedenen Datenbanktypen hat diese Analysemethode allerdings unterschiedliche Auswirkungen: im Fall von multidimensionalen Datenbanken verursacht das *Drill Through* aufgrund der direkten Adressierung der einzelnen Felder keinen nennenswerten Aufwand, während diese Methode der Datennavigation bei relationalen Datenbanken eine Bearbeitung vollständig neuer SQL-Anweisungen erfordert. Je nach Datenvolumen kann diese Tatsache durchaus bemerkenswerte Laufzeitunterschiede mit sich bringen.

6.5. Produktkategorien

Im OLAP-Umfeld besteht eine breite Palette Business Intelligence Tools zur Verfügung. Dazu kommt die stetig wachsende Anzahl neuer Anbieter, die bereits etablierte Produkte mit zusätzlichen Eigenschaften erweitern. Folglich ist die Auswahl eines bestimmten *BIT* für ein Unternehmen dementsprechend erschwert.

Obwohl nur eine sehr unscharfe Trennung zwischen den diversen BIT-Kategorien möglich ist, lassen sich die Produktklassen folgendermaßen grob aufteilen:[1]

- vorgefertigte Standardlösungen

- Generatoren

- Erweiterungen handelsüblicher Standardprodukte

- offene und flexible (freie) Entwicklungsumgebungen

Im folgenden werden die einzelnen Produktkategorien näher erläutert.

6.5.1. OLAP-Standardlösungen

Diese Produkte zielen auf einen speziellen betrieblichen Funktionalbereich ab, wie die Bereiche des Vertriebs und Marketing, des Controlling und der Finanzen.

In einem bestimmten Umfang lassen sich die spezifischen Lösungen an die besonderen Gegebenheiten eines Unternehmen anpassen. Zum Beispiel können Finanzlösungen den hauseigenen Kontenrahmen benutzen oder eigene Kennzahlen definieren und fest hinterlegen. Bei Hinzufügung zusätzlicher Dimensionen sind jedoch i.d.R. die Grenzen der Flexibilität erreicht. Auch ist die Möglichkeit freier Oberflächengestaltung meistens nicht gegeben.

Diese Kategorie der BIT-Produkte erweist sich dann als sinnvoll, wenn Anforderungen des Anwenders wohl definiert und stabil sind und sich möglichst weit mit den Normanforderungen dieses Bereichs decken.

6.5.2. OLAP-Generatoren

Sind die Voraussetzungen der OLAP-Standardlösungen nicht gegeben, weil sich die Anforderungen des Anwenders nicht exakt definieren lassen oder weil Datenstrukturen über einen Zeitverlauf noch verändert werden, ist der Einsatz von OLAP-Generatoren sinnvoll.

Diese Produkte bieten dem Anwender neben der Endbenutzer- auch eine Administrationskomponente an, mit der sich die Datenstrukturen, auf die die Endbenutzerkomponente zugreift, beliebig oft durch Neugenerierung des Modells an die Anwenderwünsche angleichen lassen. Hierbei werden Modelldimensionen hinzugefügt, weggelassen oder modifiziert.

---

[1] lt. Mucksch - Das Data Warehouse-Konzept

Obwohl der Aufwand für das Generieren eines Modells durch vielfach vorgedachter Strukturen und die automatische Ableitung der Hierarchien von dem zugrunde liegenden Datenbestand überschaubar ist, wird meistens beim erstmaligen Generieren neuer Modelle auf externe Hilfe durch Beratungshäuser zugegriffen, weil sich die Handhabung der Administrationskomponente als schwierig erweisen kann.

Mit der Endbenutzerkomponente kann anschließend in dem generierten Datenwürfel beliebig navigiert werden. Allerdings kann wie bei den OLAP-Standardlösungen die Endbenutzeroberfläche auch hier nur begrenzt angepaßt werden.

6.5.3. Erweiterungen handelsüblicher Standardprodukte

Im letzten Jahrzehnt haben sich als verbreitetes Werkzeug der Entscheidungsunterstützung besonders im Controllingbereich und in entscheidungsvorbereitenden Stabstellen die Tabellenkalkulationsprogramme flächendeckend etabliert. Aus diesem Grund positionieren und vertreiben einige Anbieter Erweiterungen der Tabellenkalkulations-Pakete auf dem Markt. Dabei verändert sich die gewohnte Anwenderoberfläche durch zusätzliche Menüoptionen und Befehlsleisten nur unwesentlich, was zur hohen Akzeptanz dieser Produkte geführt hat. Die folgende Grafik veranschaulicht eine solche Erweiterung:

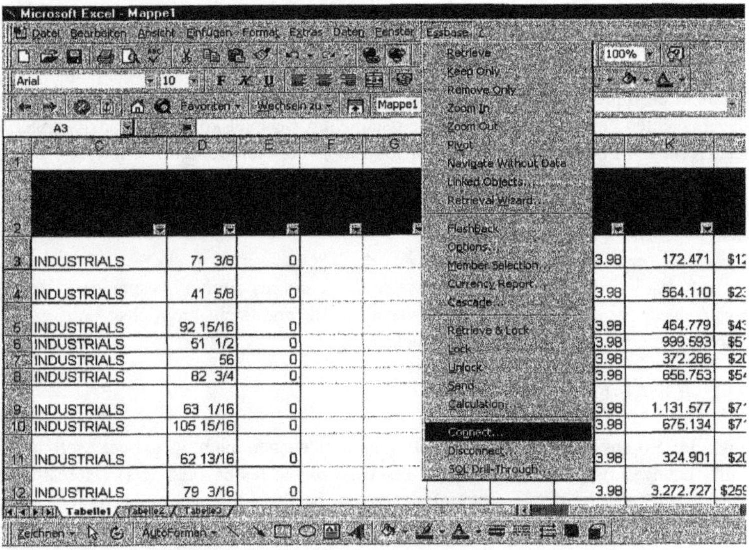

Quelle: Microsoft Excel mit Essbase Excel Add-In

Grafik 30: Beispiel für eine Erweiterung eines handelsüblichen Standardproduktes

Auch für Produktanbieter ergeben sich hieraus Vorteile, da eine vollständige Nachbildung der breiten Funktionalität moderner Tabellenkalkulationsprogramme entfällt. Somit ist die simultane Nutzung der Eigenschaften beider Werkzeuge - Tabellenkalkulation und *BIT* - in einer Anwendung gegeben.

6.5.4. Erweiterungen der gebräuchlichen Entwicklungsumgebungen

Erweiterungen der gebräuchlichen Programmier- bzw. Entwicklungsumgebungen wie Visual Basic oder Borland Delphi sind ähnlich wie die vorherige Produktkategorie zu betrachten.

Bei diesen Produkten wird die verfügbare Befehlspalette durch zusätzliche Bestandteile, welche speziell auf die Verwaltung und Nutzung multidimensionaler Datenstrukturen abgestellt sind, erweitert.

Die sich daraus ergebenden Vorteile für den Entwickler individueller Lösungen sind ähnlich wie bei den Erweiterungen der Tabellenkalkulationsprogramme zu sehen.

6.5.5. WWW-Anwendungen

Mit der aktuellen Steigerung der Zurverfügungstellung von Informationen, die sich über die lokalen Grenzen des Unternehmens hinweg bewegen, haben einige Anbieter die Befehlspalette der Standardsprache für *WWW*-Anwendungen - HTML (HyperText Markup Language) - um multidimensionale Komponenten erweitert.

Durch die Installation zusätzlicher Softwarekomponenten auf den Server wird beim Zugriff auf diese eine technische Brücke zwischen *WWW*-Server und multidimensionaler Datenbasis geschaffen.
Folglich wird der transparente Durchgriff für den Endanwender ermöglicht.

Die Nutzung der intuitiven und leicht verständlichen *WWW*-Oberflächen bietet sich insbesondere für Anwendungen an, bei denen eine flexible Navigationsmöglichkeit im Informationsangebot stärker als eine ausgeprägte analytische Funktionalität im Vordergrund steht.

6.5.6. Freie Entwicklungs-Tools

OLAP-Entwicklern wird eine größtmögliche Gestaltungsfreiheit geboten, indem sich diese freien Entwicklungs-Tools sowohl im Erscheinungsbild als auch hinsichtlich der Funktionalität an den handelsüblichen Entwicklungsumgebungen wie Visual Basic und Borland Delphi orientieren, zusätzlich jedoch einen speziellen OLAP-Befehls- und Funktionsumfang anbieten.

Die Flexibilität dieser Produktkategorie fordert allerdings ihren Preis, da sich konkrete Applikationen nur mit erheblichen personellen Aufwand realisieren lassen. Zudem entstehen in Abhängigkeit der Aufgabenstellung vergleichsweise langwierige Entwicklungszeiten.

6.5.7. Zusammengefaßt

Zum einen steigt der Aufwand bei der Einführung und Entwicklung von Produkten mit sehr flexiblen Entwicklungs- und Darstellungsmöglichkeiten, zum anderen sind am Markt verfügbare Standardlösungen mit geringem Einführungsaufwand hinsichtlich ihrer Flexibilität extrem begrenzt.

Welche der dargestellten Produktkategorien somit für den jeweiligen Einzelfall angemessen ist, hängt von der gegebenen Aufgabenstellung und den Rahmenbedingungen des konkreten Projektes ab.

Allen Produkten ist jedenfalls eine Basisfunktionalität für den Datenzugriff und die Datennavigation im Datenbestand gemeinsam.

Eine weitere Einteilung der BIT-Anwendungen nach deren Funktionalität ist denkbar. Der nachfolgende Abschnitt befaßt sich mit dieser Thematik.

6.6. Einteilung nach Funktionalität

BIT-Anwendungen lassen sich hinsichtlich ihrer Funktionalität grundsätzlich in die folgenden drei Klassen einteilen:

Standardauswertungen

Die erste Klasse dieser Produkte, zu der beispielsweise frühere MIS-Berichte und Tabellenkalkulationsprogramme gehören, bietet lediglich die Möglichkeit, Standardauswertungen durchzuführen. Produkte dieser Klasse werden überwiegend von Case-Workern verwendet. Innovative Produkte wie Microsoft Excel versuchen gegenwärtig anhand von Funktionserweiterungen den Ansprüchen der folgenden Klasse gerecht zu werden.

Standard und Ad hoc-Abfragen

Die zweite Klasse, zu der u.a. Produkte wie BusinessObjects gehört, besitzt die Fähigkeit, Standard und Ad hoc-Abfragen auf multidimensionaler Basis an zu analysierenden Daten durchzuführen. Damit sind diese Produkte für die Benutzergruppe der Executives prädestiniert. Bei der strategischen Entscheidungsfindung benutzen vor allem Manager, Entscheider und Planer diese Anwendungen, wobei unterschiedliche Endanwender verschiedene Produkte einsetzen - beispielsweise nutzen Manager vorwiegend Produkte wie Forest & Trees, während Planer überwiegend BusinessObjects-ähnliche Anwendungen einsetzen.

Data Mining

Die dritte Klasse der BIT-Anwendungen mit Produkten wie Intelligent Miner von *IBM* verfügt über die Eigenschaft, in großen Datenbeständen bisher unbekannte Muster zu erkennen und diese als interessantes Wissen dem Endanwender darzustellen.

Die ersten beiden Klassen ähneln sich insofern, daß in beiden Fällen der Anwender mit bestimmten Vorstellungen bezüglich des Analyseergebnisses sich der Datenanalyse widmet. Auch besitzen die Ergebnisse der Analyse stets die Merkmale, daß sie zurückblickende, statische oder dynamische Daten liefern.

Im Gegensatz dazu bricht das *Data Mining* die Grenzen des menschlichen Vorstellungsvermögens und liefert vorausblickende Datenvorhersagen von unbekannten Verhaltensmustern. Somit können von den Knowledge-Worker Hypothesen aufgestellt werden, die wiederum von Anwendungen der beiden ersten Klassen analysiert und ausgewertet werden können.

Da die Bedeutung des Forschungsfelds *Data Mining* über die letzten Jahre stark zugenommen hat und zukünftig eine zunehmend wichtige Rolle im Umfeld der *EIS* spielen wird, dient der folgende Abschnitt zur detaillierteren Erläuterung dieser aufsteigenden Analysemethode.

6.7. Data Mining

6.7.1. Entwicklung und Definition

Die ständig wachsenden Datenmengen einerseits und der Mangel an geeigneten Analysemethoden andererseits bilden den Ausgangspunkt für die Entwicklung des *Data Mining*.

In riesigen kommerziellen und wissenschaftlichen Datenbanken sind wertvolle Informationen versteckt, die mit bisherigen Analysemitteln nicht entdeckt werden können, da die herkömmlichen Verfahren der Datenanalyse auf die Grenzen der Vorstellungskraft des Menschen stoßen. Infolgedessen entwickelte sich in den letzten Jahren die Forschungsrichtung des *Data Mining*, auch Datenmustererkennung genannt.

Es bestehen noch weitere Gründe für die Etablierung von *Data Mining*. Zum einen wird durch den Einsatz des *Data Warehouse* eine ideale Datenbasis als Informationsgrundlage zur Verfügung gestellt. Aufgaben wie Datensammlung, -bereinigung und -aggregation, die für das *Data Mining* Voraussetzung sind, werden bereits von der Data Warehouse-Technik übernommen. Zum anderen ist der enorme Preisverfall bei Speichermedien und auch bei Hochleistungsrechnern, die den online Zugriff großer Datenmengen über Jahre hinweg ermöglichen, ausschlaggebend - denn die komplexen Data Mining-Algorithmen erfordern viel Rechenleistung.

Bei einer Untersuchung der Gartner Group über neue Technologien rangierten *Data Mining* und künstliche Intelligenz als Schlüsseltechnologien hinsichtlich der Häufigkeit der Nennungen ganz vorn. Diese beiden Techniken stehen in unmittelbaren Zusammenhang. Außerdem ergab die Umfrage, daß *Data Mining* auch hinsichtlich der zu tätigenden Investitionen in den nächsten 5 Jahren mit zu den meistgenannten Themen gehörte. Die meisten Organisationen planen bei der Einführung eines *Data Warehouse* gleich die Auswertung durch *Data Mining* mit.

„Laut der META-Group wird das Marktvolumen für *Data Mining* Produkte für 1997 auf 300 Millionen US$ geschätzt. Bis zum Jahr 2000 soll es auf 800 Millionen US$ anwachsen."[1]

---

[1] Schinzer, Bange, Wehner, Zeile - Management mit Maus und Monitor, S.67

Die folgende Tabelle stellt einen Überblick der Entwicklung des *Data Mining* dar:

Entwicklung	Fragestellung	Verfügbare Techniken	Produkt-anbieter	Merkmale
Data Collection (1960er)	Wie hoch war mein Umsatz im letzten Jahr?	Computer, Bänder, Disketten	IBM, CDC	Zurückblickend, statische Datenlieferung
Data Access (1980er)	Wieviel Einheiten wurden in Italien im letzten Monat verkauft?	Relationale Datenbanken (RDBMS), SQL, ODBC	Oracle, Sybase, Informix, IBM, Microsoft	Zurückblickend, dynamische Datenlieferung (satzorientiert)
Data Warehousing und Decision Support (1990er)	Wieviel Umsatz erzielten die einzelnen Regionen in Italien in der KW 27 über welchen Vertriebskanal im Vergleich zu Planumsätzen?	Online Analytical Processing (OLAP), Multidimensionale Datenbanken, Data Warehouse	Pilot, Comshare, Arbor, Cognos, Oracle	Zurückblickend, dynamische Datenlieferung (multidimensional orientiert)
Data Mining (ab Mitte der 1990er)	Welche Umsätze könnten in Italien im nächsten Monat erzielt werden? Und warum?	Klassifikation, Zeitreihenmuster, Multiprozessor Computer, Data Warehouse	Pilot, Lockheed, IBM, SGI, SAS	Vorausblickend, Datenvorhersage von unbekannten Verhaltensmuster n

Quelle: Hannig - Data Warehouse und Managementinformationssysteme

Tabelle 3: Entwicklung des *Data Mining*

„Das Forschungsziel der Datenmustererkennung sind **allgemein verwendbare, effiziente** Methoden, die **autonom** aus **großen Datenmengen** die bedeutsamsten und aussagekräftigsten **Muster** identifizieren und sie dem Endanwender als **interessantes** Wissen präsentieren."[2]

Der Knowledge Discovery in Databases (*KDD*) Workshop von 1989 legte den Grundstein für die konzeptionelle Entwicklung der Datenmustererkennung. Knowledge Discovery (Informationsgewinnung aus Datenbanken) bezeichnet den Prozeß, gültige, bisher unbekannte, verständliche und nützliche Informationen aus Datenbeständen zu gewinnen. Data Mining ist eine Stufe dieses Prozesses und bezeichnet das automatische Entdecken von Zusammenhängen in Datenbeständen durch Anwendung von Algorithmen.

6.7.2. Modell eines Data Mining-Systems

Das Modell eines allgemeinen Data Mining-Systemes zerfällt in mehrere Komponente, die trotz der sehr unterschiedlichen Struktur von Datenmustererkennungssystemen typische Basisfunktionen repräsentieren.

---

[2] Hagedorn, Bissantz, Mertens - Data Mining: Stand der Forschung und Entwicklung, S. 601

Die folgende Abbildung gibt das idealtypische Modell schematisch wieder:

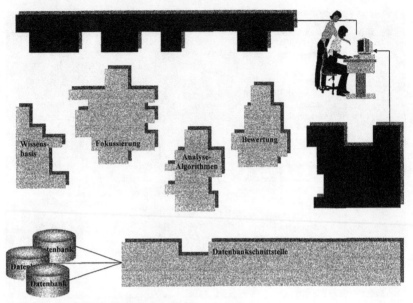

Quelle: Bissantz, Hagedorn, Mertens - Data Mining

Grafik 31: Idealtypisches Modell eines Data Mining-Systems

Die **Steuerung** erhält einfache Befehle vom Anwender und übernimmt die Ablaufkonfiguration und die Parametrierung der einzelnen Komponenten. Die **Datenbankschnittstelle** versorgt das System mit aufbereiteten Datenbankextrakten. In der **Wissensbasis** ist das vorhandene Domänenwissen gespeichert, wo es für die Konfiguration der übrigen Komponenten zur Verfügung steht. Die **Fokussierung** entscheidet darüber, welche Teile der Daten analysiert werden.

Den Kern des Systems bilden die verwendeten **Analsyealgorithmen**, die aus den Datenbankextrakten Auffälligkeiten filtern und an die **Bewertung** weitergeben. Dort werden die gefundenen Aussagen auf ihre Relevanz, Aussagekraft und Nützlichkeit anhand von den in der Wissensbasis gespeicherten Kriterien geprüft. Die **Präsentation** sorgt für die verständliche Ausgabe an den Benutzer.

6.7.3. Abgrenzung zu verwandten Gebieten

Im Gegensatz zu wissenschaftlichen Disziplinen, die durch Differenzierung eines Kerngebietes entstanden sind, zeichnet sich die Datenmustererkennung durch die Verschmelzung ehemals isoliert operierender Forschungsrichtungen aus. Zu nennen sind hier u.a. die Statistik, die Datenbank- und Expertensystemforschung, der automatische Wissenserwerb und das Maschinelle Lernen.

Zu jedem der oben erwähnten verwandten Gebiete des *Data Mining* folgt eine kurze Erläuterung:[3]

6.7.3.1. Statistische Expertensysteme

Die Aufgabe der statistischen Expertensysteme ist es, im wesentlichen bei der Anwendung von Verfahren und Systemen aus der statistischen Datenanalyse den Endanwender zu unterstützen.

Beim Aufruf der Analyse durch den Endanwender, soll das System die Berechnung numerisch korrekt ausführen und dabei sicherstellen, daß das verwendete statistische Verfahren oder Modell dem behandelten Problem angemessen ist.

Die Expertensystemkomponente übernimmt die Rolle des geübten, mit dem jeweiligen Verfahren vertrauten Experten. In der Datenmustererkennung werden zum Teil statistische Verfahren eingesetzt, zudem erfordert die Validierung von Mustern sehr häufig statistische Tests.

6.7.3.2. Datenbank- und Expertensystemforschung

Die von Datenbanksystemen gegebene Möglichkeit einzelne Datensätze zu extrahieren, die eine bestimmte Bedingung erfüllen, ähnelt der Entdeckungsaufgabe der Datenmustererkennung. Jedoch können die dazu benutzten Funktionen in keiner Weise selbst entscheiden, welche Berechnungen gegebenenfalls nützliche Ergebnisse erzielen, noch bewerten sie die gefundenen Muster. Es bleibt die Aufgabe des Anwenders, Interessantes zu entdecken.

Neuere Entwicklungen aus dem Datenbankbereich, besonders die Elemente sogenannter Aktiver Datenbanksysteme, sind zukünftig als integrierte Bestandteile von oder in Kooperation mit Data Mining-Systemen vorstellbar.

6.7.3.3. Maschinelles Lernen

Eng mit der Datenmustererkennung verwandt ist das breiter angelegte Forschungsfeld des Maschinellen Lernens.

Überlappungen bestehen hinsichtlich der verwendeten Algorithmen und der behandelten Probleme vor allem im Bereich des überwachten Lernens. Die Datenmustererkennung beschäftigt sich mit großen Realdatenbeständen, das Maschinelle Lernen typischerweise mit kleineren (Test-) Datensammlungen.

---

[3] lt. Hagedorn, Bissantz, Mertens - Data Mining: Stand der Forschung und Entwicklung

6.7.4. Data Mining-Methoden

Die meisten Firmen haben den Wunsch, *Data Mining* einzusetzen, um mehr und detailliertere Informationen über ihre Kunden und Märkte zu gewinnen. Einzelhandelsunternehmen wollen ihre Zielkunden ermitteln, um Werbungs- und Marketingmaßnahmen zielgerechter zu plazieren. Telekommunikationsunternehmen suchen nach Verhaltensweisen der Kunden in Verbindung mit deren Profil. Fluggesellschaften oder Reiseveranstalter wollen Auslastungsprognosen, Streckenoptimierungen sowie Buchungsverhalten der Kunden analysieren.

Beim Prozeß des *Data Mining* werden verschiedene Ergebnistypen ausgewertet, um den Anforderungen der Unternehmen gerecht zu werden.

Es wird zwischen fünf verschiedenen Ergebnistypen unterschieden, die bei der Auswertung mittels *Data Mining* erzielt werden:[4]

- Verbindungen / Beziehungen

- Zeitreihenmuster

- Klassifikation

- Clustering (Segmentierung)

- Vorhersage

Verbindungen ergeben sich, wenn ein einzelnes Ereignis betrachtet wird, wie zum Beispiel der Verkauf von Kartoffelchips im Supermarkt. Die Auswertung in einem konkreten Fall zeigte, daß in über 65% aller Fälle beim Verkauf von Chips auch Cola verkauft wurde (Warenkorbanalyse). Dadurch läßt sich eine Beziehung der beiden erwähnten Produkte aufweisen und der Supermarkt Manager kann dementsprechend darauf reagieren, um beispielsweise durch gezielte Werbung optimale Gewinne zu erzielen.

Die Zeitreihenanalyse zeigt Verbindungen und Entwicklungen im Zeitverlauf auf. So wurde festgestellt, daß ca. 45% aller Käufer einer Immobilie innerhalb von zwei Monaten nach dem Kauf einen neuen Ofen erworben haben.

Die Klassifizierung ist wahrscheinlich die am häufigsten benutzte Auswertungsmethode. Sie erkennt Verhaltensmuster und ordnet und sortiert diese einzelnen, bereits bestehenden Gruppen zu. Das geschieht beim Prüfen von bestehenden Einträgen, die auch bereits zugeordnet sind. Daraus werden dann Verhaltensregeln abgeleitet. Man kann zum Beispiel untersuchen, wann und für welches Produkt sich ein Kunde entscheidet und ihn dadurch charakterisieren.

Clustering unterscheidet sich von Klassifizierung dadurch, daß die Gruppen, denen einzelne Ausprägungen zugeordnet werden, noch nicht definiert sind. Clustering wird angewandt, um Fehler oder Probleme zu erkennen, die vorher noch nicht aufgetreten sind oder bekannt waren.

---

[4] lt. Hannig - Data Warehouse und Managementinformationssysteme

6.7.5. Data Mining-Verfahren

In den folgenden Abschnitten werden einige ausgewählte Verfahren der Datenmustererkennung zum Teil mit Beispielsystemen skizziert:

6.7.5.1. Abweichungsanalyse

Ein typisches Einsatzgebiet des *Data Mining* ist die Datenanalyse auf der Grundlage von Kennzahlenabweichungen. Dieses Verfahren wird anhand des Produktes Delta Miner im folgenden beschrieben.[5]

Delta Miner

Das System Delta Miner benutzt einen Algorithmus (Navigationsfilter), um auffällige Datenkonstellationen in Daten des Ergebniscontrollings zu entdecken. Dabei ahmt das System das Vorgehen eines Controllingexperten bei der Navigation durch die Betriebsergebnisdaten nach. Einerseits läßt sich dadurch spezielles Fachwissen auch dezentral nutzen, andererseits sollte sich der geübte Controller mehr auf Spezialaufgaben konzentrieren können.

Ausgehend von einer stufenweisen Deckungsbeitragsrechnung erforscht Delta Miner Abweichungsursachen mit Hilfe einer methodischen Anleitung, die jeweils die Hauptverursacher einer Plan-Ist-Abweichung in einer feiner differenzierten Stufe ermittelt (Top Down-Navigationsansatz). Für eine detailliertere Objektanalyse stehen verschiedene betriebswirtschaftliche Verfahren wie u.a. die Deckungsbeitragsflußrechnung, Zeitreihenanalysen mit automatischer Prognose und ABC-Analysen mit Vorschlägen zur Klasseneinteilung bereit.

6.7.5.2. „Wenn-Dann"-Regelsuche

Die „Wenn-Dann"-Regelsuche wird anhand des Produktes Agrawal von *IBM* im folgenden beschrieben.

Agrawal

Dieses Produkt wurde u.a. eingesetzt, um das Einkaufsverhalten in Supermärkten zu analysieren. Im Rahmen einer Warenkorbanalyse waren sogenannte Assoziativ-Regeln aufzufinden, die Abhängigkeiten zwischen dem Verkauf verschiedener Produkte beschreiben.

Ein Regelbeispiel wäre, daß zu 90% Brot und Butter gemeinsam mit Milch eingekauft werden. Mit solchen Regeln lassen sich Hinweise auf die optimale Regalanordnung geben oder es läßt sich etwa abschätzen, welche Auswirkungen eine Sortimentsbereinigung auf den Absatz anderer Produkte hätte. Bei der Suche nach geeigneten Regeln kombiniert das System möglichst laufzeiteffizient und redundanzfrei verschiedene Produkte oder Produktgruppen in hypothetischen Regeln und hält diejenigen fest, die einem bestimmten Gütekriterium entsprechen. Durch das Festlegen der Produktkombinationen werden implizit Gruppen von Warenkorbdatensätzen gebildet, die über die Selektionsmerkmale definiert sind.

---

[5] lt. Hannig - Data Warehouse und Managementinformationssysteme

6.7.5.3. Grafisches Data Mining

Das grafische *Data Mining* macht sich die besondere menschliche Fähigkeit zunutze, Muster visuell zu erkennen. Die bisher geltende Begrenzung auf niedrig dimensionierte (≤ 3) Analyseaufgaben läßt sich inzwischen mit neueren Visualisierungstechniken wie Glyphen oder Parallelen Koordinaten überwinden.

Glyphen sind grafische Symbole, die jeweils ein Objekt in seinen Merkmalsausprägungen durch unterschiedliche Formen und Farben darstellen. Sie eignen sich für Anwendungen, bei denen eine natürliche, z.B. geographische Ordnung der Objekte vorliegt. Bei Parallelen Koordinaten repräsentiert jede Achse ein Merkmal, die Punkte auf der Achse die jeweiligen Ausprägungen. Ein Datensatz wird durch eine einzelne Linie über alle Achsen abgebildet.

Im betriebswirtschaftlichen Bereich dominieren Anwendungen, bei denen Auffälligkeiten gesucht werden, die sich geographisch erfassen lassen. Ein Beispiel hierfür ist die Visualisierung von Rücklauf-Raten großangelegter Marketingkampagnen nach Ländern.

6.7.5.4. Clusternde Systeme

Clusternde (Clustering = Segmentierung) Systeme versuchen Gruppenstrukturen in unklassifizierten Daten zu entdecken. Dabei erfolgt eine Einteilung einer Datenbank in Gruppen zusammengehöriger oder ähnlicher Datensätze (definiert als Klassen), d.h. die in Einheiten zusammengefaßten Datensätze teilen eine gewisse Anzahl interessierender Eigenschaften.

Das folgende Produkt stellt ein solches System dar.

CLUSMIN

Dieses System fahndet nach auffälligen Controllingobjekten in Betriebsergebnisdaten. Die zu durchsuchenden Ergebnissätze sind durch Kennzahlen und Merkmale charakterisiert. Ein auffälliges Controllingobjekt ist im Sinne dieser Arbeit eine Menge von Datensätzen, welche sich in mindestens einer Kennzahl und einem Merkmal sehr ähnlich sind.

Die Analyse unterteilt sich in einen Gruppierungs- und einen Beschreibungsprozeß. Für die Gruppierung stehen zwei Methoden der Clusteranalyse zur Verfügung. Der Anwender kann die Klassenbildung an seine Untersuchungsziele anpassen, indem er auf Datenausschnitte fokussiert und relevante Kennzahlen oder Merkmale gewichtet.

Eine eigens entwickelte Anweisung zur Erkennung neuer Erkenntnisse untersucht die erzeugten Gruppen auf ihre charakteristischen Kennzahlen und Merkmale und generiert daraus eine Beschreibung.

6.7.5.5. Entscheidungsbaumverfahren

Eine große Anzahl von Systemen verfolgt den Entscheidungsbaumansatz, der zum Maschinellen Lernen zu rechnen ist. Vorab bekanntes Klassifikationswissen wird in Form von Bäumen dargestellt. Die Blätter repräsentieren die Klassen, die Astgabeln die Attribute. Die für die Klassifikation relevanten Attributwerte sind durch Äste symbolisiert.

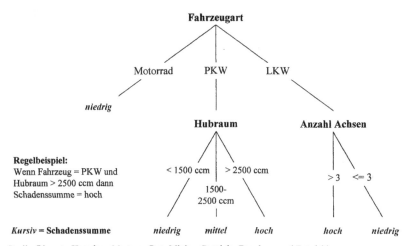

Quelle: Bissantz, Hagedorn, Mertens - Data Mining: Stand der Forschung und Entwicklung

Grafik 32: Ein Beispiel für das Entscheidungsbaumverfahren

6.7.5.6. Neuronale Netze

Neuronale Netze bestehen aus einer Serie von Software Synapsen, die Datenbestände in „natürliche" Klassen einteilen und ein Vorhersagemodell für neu hinzukommende Elemente entwickelt. Mit Teilen des Ursprungsdatenbestandes wird das Neuronale Netz trainiert und dann die Vorhersagegenauigkeit mit einem anderen Teil der Daten bestimmt.

Für Data Mining-Systeme, deren Hauptaufgabe darin besteht, längerfristig gültige Zusammenhänge und Regelmäßigkeiten zu modellieren, kommen vermehrt Neuronale Netze zum Einsatz. Beispiele für den Einsatz von Neuronalen Netzen sind Aktienkursprognosen, akustische Rundlaufdiagnostiken von Motoren und Handschriftenerkennung.

Das System CONKAT (*Connectionist Knowledge Acquisition Tool*) kombiniert den Expertensystemansatz mit Neuronalen Netzen.

CONKAT

Dieses System arbeitet in zwei Schritten: In der Lernphase wird das Neuronale Netz trainiert und Prolog-Regeln extrahiert. In der Diagnosephase lassen sich die Expertensystemregeln, die extrahierten Regeln oder das Neuronale Netz befragen, um Hinweise auf die Ursachen der gewonnenen Aussagen zu erhalten.
In diesem Fall wird eine Anwendung mit Blutanalysedaten für Diabetesdiagnosen beschrieben.

6.7.5.7. Genetische Algorithmen

Anhand des Produktes GAAF von Cap Volmac wird das Verfahren der Genetischen Algorithmen erläutert.

GAAF

Mit diesem System lassen sich automatisch Näherungen mathematischer Formeln aus Daten gewinnen. Die Formeln decken auch diskontinuierliche Beziehungen der Daten ab und können symbolisch dargestellt werden.
Es wurde insbesondere auf das Problem der Überanpassung geachtet. GAAF trennt die Daten in zwei Teile, so daß für die Validierung der gewonnenen Formeln der zweite Teil zur Verfügung steht.

Das in GAAF enthaltene Werkzeug FUGA dient speziell der Modellierung im Finanzwesen. Es verfügt über Reportfunktionen für Finanzmanager.

6.7.5.8. Werkzeugpools

Werkzeugpools stellen eine Gruppe verschiedener Methoden zur interaktiven Analyse großer Datenbanken bereit. Das Produkt Recon von Lockheed Corp. stellt einen solchen Werkzeugpool dar.

Recon

Recon kombiniert mehrere Data Mining-Module unter einer einheitlichen Oberfläche: Regelinduktion, grafisches *Data Mining* und deduktive Datenbankprozesse. Der Analytiker hat zum einen die Möglichkeit, Hypothesen über Zusammenhänge in den Daten zu bilden, die Recon zu validieren versucht. Zum anderen stellt das Programm auch Funktionen bereit, die automatisch Beziehungen aus den Daten extrahieren.

6.7.6. Nutzen des Data Mining

Wie in dem Kapitel: „Data Mining-Methoden" schon erwähnt wurde, bietet der Data Mining-Prozeß einen großen Nutzen für unterschiedliche Bereiche diverser Unternehmungen.

Es folgen mehrere Anwendungsbeispiele:[6]

Mit Hilfe von Strategien können aus dem Kaufverhalten der Vergangenheit Schlüsse für zukünftige Marketingaktionen gezogen werden. Es werden dabei die gemeinsamen Charakteristika von bereits erfolgreich angesprochenen Kunden gesucht, gesammelt und zu einem Kundenprofil zusammengestellt. Mit dem gewonnen Profil lassen sich Mailing-Aktionen zielgerichtet gestalten, wobei die verbesserte Auswahl der Adressaten die Folge hat, daß die Kosten für Kataloge, Porto und ähnliches drastisch zurückgehen, während die Rücklaufquote gleichzeitig steigt.

Ein weiteres Anwendungsbeispiel ist die weitgehend automatisierte Segmentierung des Kundenstamms, um problematische oder besonders ertragsstarke Kunden zu identifizieren. So entstehen detaillierte Auswertungen, die sonst nicht möglich bzw. nur mit großem Aufwand hätten entstehen können. Zudem lassen sich klassifizierende Methoden einsetzen, die Hinweise darauf geben, wie solche Kunden frühzeitig zu erkennen sind, um entsprechende Maßnahmen einleiten zu können. Die Umsätze lassen sich oftmals mit solchen Ansätzen erheblich steigern.

Data Mining kann zeitraubende Routinetätigkeiten vom Endanwender übernehmen und ihn somit entlasten. Damit bleibt mehr Zeit für die Interpretation der Ergebnisse. Beispielsweise können so Controllinganalysen stark vereinfacht und verbessert werden, was zu einer enormen Zeitersparnis führen kann.

Den größten Nutzen haben häufig Spezialanwendungen, die genau auf das zu behandelnde Problem zugeschnitten sind. Bei diesen Spezialanwendungen wird meistens eine Kombination von Verfahren eingesetzt (sogenannter Werkzeugpool). So löst beispielsweise ein Finanzdienstleister mit einer Kombination aus Neuronalen Netzen und einem Expertensystem die Aufgabe, den Kreditmißbrauch zu reduzieren.

6.7.7. Data Mining - ein Ausblick

Bedingt durch eine fast stürmische Entwicklung in den vergangenen Jahren konnten mit Data Mining-Verfahren in unterschiedlichsten Anwendungsbereichen beachtenswerte Erfolge erzielt werden. Zukünftig wird sich der Prozeß des *Data Mining* den nachstehenden Herausforderungen stellen müssen.

---

[6] lt. PC Magazin 44/96 - Data Warehousing Report

Integration von Daten und Methoden aus unterschiedlichen Domänen

Die meisten herkömmlichen Data Mining-Systeme sind nur auf eine Domäne ausgerichtet, wobei hierfür die Marktforschung oder das Ergebniscontrolling zu nennen sind.

Insbesondere diese genannten Beispiele verdeutlichen den Vorteil der Integration von Daten und Methoden aus unterschiedlichen Domänen. So läßt sich etwa ein im Ergebniscontrolling festgestellter Rückgang des Deckungsbeitrages für ein bestimmtes Marktsegment nur dann fundiert bewerten, wenn ihm Daten aus der Marktforschung gegenübergestellt werden.

Eine besondere Schwierigkeit liegt darin, die unterschiedlichen Segmentierungen der Datenbestände (Produkte, Produktgruppen, Kunden usw.) aufeinander abzubilden.[7]

Vermeidung von „Trivialitäten" und Redundanzen

Viele Data Mining-Anwendungen generieren eine große Anzahl von „Entdeckungen", die entweder trivial oder redundant sind.

Um allzu allgemeine Muster zu unterdrücken, sollte sich auf Veränderungen konzentriert werden, da sich Trivialitäten in der Regel nicht verändern. Redundanzen können vermieden werden, indem das Data Mining-Verfahren immer nur die speziellsten oder allgemeinsten Aussagen über einen bestimmten Sachverhalt präsentiert.

Verarbeitung extrem großer Datenbestände

In der Praxis sehen sich Data Mining-Anwendungen häufig mit extrem großen Datenbeständen konfrontiert.

Um extrem große Datenbestände mit Data Mining-Verfahren untersuchen zu können, sind im wesentlichen folgende Ansätze denkbar:

Ein Ansatz ist die Eliminierung der Daten, indem Abhängigkeiten innerhalb der Daten genutzt werden. Weiterhin kann eine Beschränkung auf Stichproben stattfinden, die unter Ausnutzung von Domänwissen möglichst repräsentativ gestaltet werden sollte.

Eine weitere Möglichkeit zur Verarbeitung großer Datenbestände bieten moderne Speichertechniken, etwa unter Nutzung von OLAP-Servern. Zudem kann auch der Einsatz von Parallelrechnern zur Beschleunigung von Datenanalysen führen.

---

[7] Dank einer Förderung durch die Deutsche Forschungsgemeinschaft können sich die Autoren (Hagedorn, Bissantz, Mertens) dieser Problemstellung in den folgenden Jahren widmen.

7. Erstellung eines Prototypen

7.1. Einleitung und Konzept

Dieser zweite Hauptteil bietet in schriftlicher Form Einblicke einerseits in die theoretische Vorgehensweise zur Erstellung eines EIS-Prototypen und andererseits in die praktische Umsetzung einer solchen Erstellung im Rahmen einer Diplomarbeit. Die Gliederung des zweiten Hauptteils sollte mit einer möglichen Gliederung zur systematischen und strukturierten Erstellung eines Prototypen samt vieler seiner Facetten gleichgestellt werden.

Konzept und Zielsetzung unserer Diplomarbeit war neben deren schriftlichen Ausarbeitung, die Erstellung zweier konträrer, branchenspezifischer Prototypen. Diese Prototypen sollten hinsichtlich der ausgewählten Branchen sowie der verwendeten Tools konträr sein. Es sollten zum einen Tools, basierend auf relationalen Datenbasen, verwendet werden und zum anderen Tools auf Basis von physikalisch multidimensionalen Datenbanken zum Einsatz kommen. Die folgende Grafik veranschaulicht das Konzept des praktischen Teils der Diplomarbeit.

	Einzelhandel	Banken
Datenspeicherung (Datenbasis)	relationale DB (Kimball)	relationale DB (Kimball)
Datenmodellierung-multidimensionale Sichten (OLAP)	ESSBASE (Arbor Software) MOLAP	STARTRACKER (Kimball) ROLAP
Datenpräsentation (BIT)	ESSBASE (Excel Add-in) BUSINESSOBJECTS Forest & Trees (Platinum)	BUSINESSOBJECTS Forest & Trees (Platinum)

Quelle: eigenständiger Entwurf

Grafik 33: Konzept für die Erstellung der Prototypen

Beide Modelle basieren auf einer relationalen Datenbank - sprich auf einem relational angelegten *Data Warehouse*. Darauf aufbauend wird für den Bereich Banken ein virtuelles multidimensionales Speicherkonzept, auch *ROLAP* genannt, genutzt. Die Darstellung der Dimensionen erfolgt virtuell.

Für den Bereich Handel wird ein physikalisches multidimensionales Datenspeicherungs-modell, auch *MOLAP* genannt, genutzt. Es wird ein *Hypercube* erzeugt.

Der Bereich *Frontend*, vertreten durch die dafür qualifizierten *BIT*s , sollte bei beiden Prototypen hinsichtlich des Einsatzes bei den verschiedenen Aufgabenträgern gleich sein. Gefordert sind *BIT*s, die den Ansprüchen sämtlicher vorhandener Benutzergruppen gerecht werden.

Angesichts des begrenzten Zeitrahmens, der zur Erstellung des Prototypen zur Verfügung gestellt wurde, ist es lediglich möglich gewesen, bestimmte Schritte oder Teilschritte der vorgegebenen, standardisierten Schritte zu realisieren. In der letzten Phase der Arbeit kam es aufgrund der Komplexität des gesamten Themas, verbunden mit einer gewissen Zeitnot, lediglich zur Erstellung eines Prototypen, anstatt der geplanten Anzahl von zwei Prototypen. Begründet durch ein besseres betriebswirtschaftliches Wissen und der Tatsache, daß der Entwicklungsstand des „Handelsprototypen" am weitesten fortgeschritten war, wurde die Arbeit an dem „Bankenprototypen" eingestellt. Bei der weiteren Erläuterung wird der Prototyp für den Bereich Handel im Vordergrund stehen und wird mit dem Begriff „Handelsprototyp" umschrieben.

Unter der oben angesprochenen Standardisierung der Vorgehensweise zur Erstellung eines EIS-Prototypen werden jene Schritte verstanden, die in den verschiedenen Ansätzen der Literatur zu einem bestimmtem Prozentsatz übereinstimmen. Diese sich deckenden Schritte werden in dieser Arbeit als Standardschritte angesehen.

Abweichungen, hervorgerufen durch projekttypische Charakteristika wie mangelnde Ressourcen oder fehlende Zeit werden in den folgenden Abschnitten als Abweichung vom Standard explizit beschrieben. In diesem Zusammenhang gibt die Arbeit auch Auskunft darüber, wie in einem knapp bemessenen Zeitraum eine Erstellung eines Prototypen erfolgen kann, welche Standardschritte dabei vernachlässigt werden können und welche eine große Bedeutung beibehalten.

Um den Sinn der Erstellung eines Prototypen zu verdeutlichen, sollte folgende Frage beantwortet werden:

Was soll ein Prototyp leisten?

Ziel des Prototypen ist es, einen Machbarkeitsnachweis des EIS-Konzeptes darzustellen. Dies beinhaltet vor allem die Implementierung von Ausschnitten aus den realen Unternehmensdaten sowie den Einsatz von relevanten Analyse-Tools.

Als Quintessenz können letztendlich Aussagen über die Sicherheit hinsichtlich der verwendeten Methoden und Tools sowie Erkenntnisse über Qualität und Umfang der operativen Daten getätigt werden. Dies ist mit dem Nutzen des Prototypen gleichzusetzen.

7.2. Erschaffung der Grundlagen

Bevor mit der Erstellung eines Prototypen begonnen werden kann, sollte in einem erweiterten Umfeld Klarheit herrschen, welche Grundlagen für den Bereich *EIS* von Bedeutung sind. Über diese Grundlagen sollten in einem weiteren Schritt tiefgründige Kenntnisse gesammelt werden. Der Grad der erforderlichen Detailkenntnis ist von dem jeweiligen Unternehmensumfeld und von der beabsichtigten Nutzung des Prototypen abhängig.

7.2.1. Einsatzmöglichkeiten eines EIS-Prototypen

7.2.1.1. Branchenspezifische Prototypen

Diese Art des Prototypen soll hauptsächlich zur allgemeinen Akquisition eingesetzt werden. Besonders wichtig ist dabei, daß die entsprechenden Kunden ihre Branche und deren typische Branchenstruktur wiedererkennen.

Operative reale Daten aus Unternehmen sind in diesem Fall gewöhnlich nicht vorhanden. „ ... each database is artificially generated, some care has been taken to make the examples realistic and big enough to be interesting."[1]

Dieses Zitat bezieht sich auf die vorhandene Datenbasis einer Software. Es sagt unter anderem aus, daß die benutzten Daten künstlich generiert wurden. Solche Daten können hinsichtlich ihrer Aussagekraft schnell einer gewissen Fehlerhaftigkeit unterliegen.

Auf einer auf diese Art und Weise erzeugten Datenbasis läßt sich ein Prototyp branchenspezifisch erstellen.

Die OLAP-Funktionalität wird i.d.R. von einer OLAP-Engine gewährleistet, die als separater Server vorhanden ist. Eine Nutzung der Hardware eines vorhandenen *Data Warehouse* ist ebenfalls möglich.

Für einen branchenspezifischen Prototypen kann es von großem Vorteil sein, daß sowohl die Datenbasis, die OLAP-Software - inklusive des erzeugten Datenmodells - sowie auch die Frontend-Software aus Portabilitätsgründen auf einem Laptop installiert werden.

Der während der Diplomarbeit erstellte Prototyp soll genau in dem wie in diesem Kapitel beschriebenen Einsatzgebiet Anwendung finden, wobei der Aspekt der Portabilität in vollem Maße erfüllt wird.

---

[1] Kimball - The Data Warehouse Toolkit, S. XIX

7.2.1.2. Unternehmensspezifische Prototypen

Diese Art des Prototypen findet in erster Linie Verwendung zur:

- gezielten Neukundengewinnung,

- selektiven Kundengewinnung bei bereits bestehenden Kunden und zur

- Erfüllung des ersten Schritts vorhandener Verträge über die Erstellung eines entscheidungsorientierten Informationssystems.

Diese Unterteilung ist im großen Maße von den Kunden und vom Umfang des einzelnen Prototypen abhängig. Soll ein unternehmensspezifischer Prototyp für die Gewinnung eines Neukunden eingesetzt werden (was gewöhnlich nicht der Fall ist, da es sich nicht rentiert), so kann es dafür verschiedene Hintergründe geben. Denkbar wäre, daß der verwendete Prototyp eine modifizierte Version eines bereits existierenden Prototypen darstellt oder die Präsentation des Prototypen bei einem sehr profitablen, erfolgversprechenden Unternehmen stattfindet.

Für die Schaffung eines Prototypen bei vorhandenem Vertrag spielt der finanzielle Aspekt eine untergeordnete Rolle. Hier rücken Gesichtspunkte wie die Vollständigkeit der Datenbasis und die Richtigkeit der Datenstruktur in den Vordergrund.

Von größter Bedeutung ist bei allen drei Arten des Einsatzes, daß die entsprechenden Kunden ihre Branche und vor allem ihr Unternehmen und somit auch ihre Unternehmensstruktur wiedererkennen.

Die verwendeten Daten stammen großenteils aus operativen Unternehmenssystemen oder anderen unternehmensinternen Quellen. Dieser Punkt besitzt einen hohen Stellenwert, da der Informationsgehalt der Daten keine falschen Ergebnisse liefern darf.

7.2.1.3. Allgemeingültige Prototypen

Außer den oben aufgeführten Typen ist noch die dritte Kategorie der allgemeingültigen Prototypen vorstellbar. Zu Präsentationszwecken auf Messen, Konferenzen oder Veranstaltungen, auf denen oftmals keine branchen- oder unternehmensspezifischen, potentielle Kunden erkennbar sind, läßt sich diese Art des Prototypen am sinnvollsten zum Einsatz bringen.

Vordergründig ist dabei die Darstellung des Produktes und eine Präsentation der aktuellen Möglichkeiten - der Stand der Technik und der Lösungen. Leichtverständliche, übersichtliche und auch optisch attraktive Auswertungen und Berichte sind für diesen Prototypen eine Voraussetzung.

Als Datenbasis sind einfach generierte Daten ausreichend, welche die Funktionalitäten des Prototypen auf einer unkomplizierten Art und Weise unterstützen. Die Genauigkeit und Vollständigkeit der Daten tritt in diesem Fall in den Hintergrund.
Unabhängig von der Art der Nutzung der einzelnen Prototypen lassen sich die nachfolgenden, wesentlichen Grundlagen herauskristallisieren.

7.2.2. Markteinschätzung

7.2.2.1. Stand der Technik

Einer der ersten Schritte ist Informationen über die Technik und Technologien des aktuellen Marktes einzuholen und zu sammeln. Was für Techniken sind einsetzbar? Welche werden angeboten etc.?

Der *EIS* Markt unterliegt einer sehr hohen Dynamik. Dies spiegelt sich sowohl in der Software (-veränderung) als auch in der Hardware wider. Entscheidungsorientierte Abfragen die „gestern" noch ein Multiprozessor-System (*MPP*) vollständig zur Auslastung brachten, können heute von Singleprozessor Systemen problemlos bewältigt werden. Insbesondere die Leistungsfähigkeit von Prozessoren und von Netzwerken unterliegen einer x-fachen Leistungssteigerung. Leistungsstärkere Prozessoren ermöglichen grundsätzlich die Verarbeitung von zunehmend größeren Datenmengen und speziell bei Abfragen, die Verarbeitung detaillierterer Daten.

Durchsatzstärkere Netze im Nah- und Fernbereich ermöglichen, ausgerechnet bei dem anhaltenden Trend der Dezentralisierung von Unternehmen, einen effektiv nutzbaren unternehmensweiten Aufbau von Netzwerkstrukturen. Immer kleinere Filialen können durch das sich ständig bessernde Preis-Leistungsverhältnis an die Unternehmenszentrale via Netzwerk angeschlossen werden. Durch diese Tatsache und der Voraussetzung, daß eine enorm leistungsfähige Hardware zur Verfügung steht, ist es möglich sehr detaillierte unternehmensweite Daten zu speichern, zu analysieren und überwiegend auszuwerten. Der heutige Stand der Technologie bietet für Unternehmen die Möglichkeit eines sehr effizienten EIS-Einsatzes.

Der Einsatz von Neuronalen Netzen und Computern der „fünften Generation" schafft eine optimale Grundlage für die Nutzung des *Data Mining*.

7.2.2.2. Entwicklungen und Denkansätze

Im Gegensatz zu der Schnellebigkeit der Hard- und Software sind die Ideen und Konzepte von entscheidungsunterstützenden Informationssystemen sowie deren Themenumfeld wesentlich zeitunempfindlicher. Dies zeigt sich darin, daß die Mehrheit solcher genutzten Systeme auf Modellen aus den vergangenen Jahrzehnten beruhen und lediglich durch Neuerungen erweitert wurden. Natürlich gibt es auch neue, teilweise revolutionierende Konzeptvorschläge. Beispielsweise wird das Konzept des *Data Mining* erst ab Mitte der 90er Jahre eingesetzt.

In diesem Zusammenhang läßt sich besonders eine starke Abhängigkeit der möglichen Konzepte von der Hard- und Software erkennen. So sind z.B. Neuronale Netze prädestiniert für eine *Data Mining* Anwendung. Theoretisch können viele Ideen entworfen werden, ob diese aber praktisch umsetzbar sind, hängt von dem Technologiestand der entsprechenden Hard- und Software ab.

Derzeit genießt in dem Bereich der entscheidungsunterstützenden Systeme in erster Linie das Konzept des *OLAP* sehr große Popularität. Das Aufbereiten der Daten in multidimensionale Sichtweisen, um so ein leichtes Navigieren durch diese Daten zu ermöglichen, steht dabei im Vordergrund.

Um multidimensionale Sichten zu erzeugen, stehen zwei grundsätzliche Varianten der Datenmodellierung bereit. Auf der einen Seite werden die Daten in physikalischer Form - in Datenwürfeln - gespeichert. Auf der anderen Seite werden die Daten in relationaler Form gespeichert. Eine multidimensionale Sicht wird dabei über das Konzept des *Star-* oder *Snowflake-Schemas* gewährleistet. Eine ausführliche Beschreibung dieser Ansätze steht in dem Kapitel „On-Line Analytical Processing".

Nach wie vor bietet das sehr ausgereifte Konzept der relationalen Datenspeicherung eine gute Grundlage zur strukturierten Datenspeicherung. Gerade bei den teilweise gigantischen Datenmengen hat sich dieses Konzept bewährt.

Vielversprechende Lösungsansätze versuchen die physikalisch multidimensionale Speicherung mit der relationalen Speicherung zu kombinieren. Es kommt dabei zu einer Datenablage in einer zweidimensionalen Sichtweise.

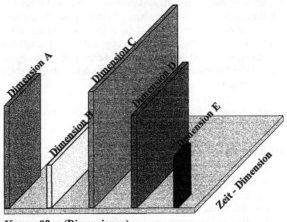

Kenngrößen (Dimensionen)

Quelle: eigenständiger Entwurf

Grafik 34: Zweidimensionale Speicherung der Daten

Es wird ersichtlich, daß sich fast alle Kenngrößen (Dimensionen) auf einer Achse befinden. Die Dimension „Zeit" ist allen anderen Dimensionen gegenübergestellt. Der Vorteil dieser Speicherung ist, daß die erheblichen Unterschiede einzelner Dimensionsmatrizen bezüglich ihrer Datengröße kein Problem darstellen. Bei physikalisch multidimensional gespeicherten Daten führt dieser Effekt durch das Auftreten von Leerfeldern zu einer gewaltigen Aufblähung des gesamten Datenwürfels.

Um mit dieser zweidimensionalen Speicherungsart eine komfortable Navigation zu erreichen, ist es notwendig, und das ist auch nur ein möglicher Ansatz, den gesamten angeforderten Datenwürfel in den Arbeitsspeicher zu laden. Das diese Funktionalität einen sehr großen Arbeitsspeicher erfordert, muß nicht weiter erläutert werden. Anzumerken ist aber, daß dieser Aspekt i.d.R. mit einem hohen finanziellen Aufwand verbunden ist.

Zusammengefaßt:

In diesem Abschnitt wurden die wichtigsten neuen Entwicklungen kurz aufgezeigt. Einen Anspruch auf Vollständigkeit soll er nicht haben. Der zuletzt beschriebene Lösungsansatz zur Speicherung und Modellierung von Daten zeigt nur eine Möglichkeit der vielen Versuche, konventionelle Datenspeicherungsformen zu finden.

7.2.2.3. Marktaufteilung für EIS

Auf dem Markt der *EIS* befinden sich zur Zeit in Deutschland mehr als vierzig größere Anbieter. Eine Trennung des EIS-Marktes sollte in soweit vorgenommen werden, daß zwischen einem Markt für Data Warehouse-Anbietern und OLAP-Anbietern unterschieden wird. Der Bereich der *BIT*s wird von den OLAP-Anbietern mit abgedeckt. Einschlägige Marktanalysen werden von den entsprechende Instituten wie der „Meta Group" usw. angeboten. Diese Arbeit soll im folgenden einen knappen Überblick über den OLAP-Markt geben.

Eine klare marktbeherrschende Stellung nimmt kein Anbieter ein. Oft sind Partnerschaften oder Kooperationen zwischen Softwarehäusern und Hardwareherstellern vorhanden. Aber auch vereint unter einem „Dach" ist beides anzutreffen. Dazu kommt eine weitere Anzahl an Consulting Unternehmen, welche im Rahmen ihrer Tätigkeiten ein gesamtes *EIS* - von der Hardware angefangen, über die Software bis hin zur Schulung und Beratung - anbieten und implementieren.

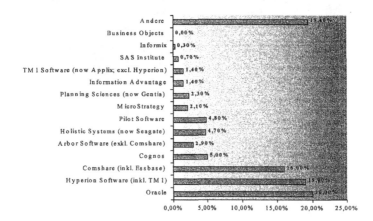

Quelle: http://www.olapreport.com/Market.htm

Grafik 35: Weltweite Marktanteile OLAP-Anbieter; Stand 1996

Die weltweite Situation des OLAP-Marktes läßt Rückschlüsse auf den deutschen Markt ziehen. So sind genau im oberen Bereich Parallelen zu erkennen. Auch wenn von keiner klaren Vormachtstellung die Rede sein kann, kommt es doch dazu, daß die größeren Anbieter kleinere Firmen aufkaufen bzw. deren Produkte, wenn diese Produkte zu erfolgreich werden oder sich ein solcher Trend zumindest abzeichnet. Dieses Phänomen gilt vor allem auf dem Software Markt.

7.2.2.4. Trends

Der Bedarf an OLAP-Produkten wird drastisch steigen. Die Preise für Technologien, das heißt sowohl für die Softwareprodukte als auch für die Hardwareprodukte, werden fallen. Alle großen Datenbankanbieter werden aktiv diese OLAP-Technologie propagieren. Bis vor kurzem galt *OLAP* als eine Lösung für eine Marktnische. Marktnischen ergeben sich heute bereits aus speziellen OLAP-Produkten wie branchenspezifischen Lösungen für Präsentations-Tools.

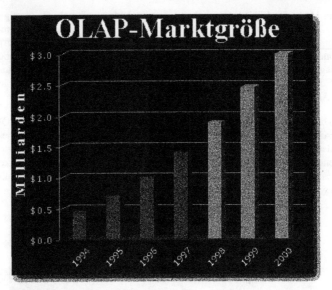

Quelle: http://www.olapreport.com/Market.htm

Grafik 36: Trend in der Entwicklung des OLAP-Marktes

Welche Anbieter sich auf dem Markt etablieren, läßt sich erkennen. Die großen *IT* Anbieter gehen mit dem Trend des Marktes und versuchen sich fest anzusiedeln oder haben das auch schon getan. Kleinere Anbieter oder neue Unternehmen hatten auf diesem neuen Markt die Chance sich zu etablieren, wobei es einigen auch gelungen ist. Für den „großen" OLAP-Markt dürfte es heute extrem schwer sein, sich als „Newcomer" einen Namen zu verschaffen.

Unklar ist aber noch, welche Produkte sich in welchen Produktkombination und von welchen Anbietern durchsetzen werden.

7.2.2.5. EIS Produktpalette

Ausgehend vom Konzept der *EIS* lassen sich theoretisch sechs Produktkategorien erkennen. Dies wären zum einen die drei Sparten der einzelnen Softwareprodukte für die Speicherung, Modellierung und Präsentation und zum anderen die drei dazugehörigen Klassen der Hardwareprodukte.

Praktisch ist es aus verschiedenen Gründen sinnvoller, eine etwas andere Einteilung vorzunehmen. Ein Aspekt ist, daß die genutzte Hardware nicht ausschließlich für diese *EIS* entwickelt, hergestellt und angeboten wird, sondern auch für viele andere Bereiche innerhalb der Informationstechnologie genutzt wird. Weiterhin gibt es fast keinen größeren Anbieter, der nicht in irgendeiner Weise Produktkombinationen offeriert. Diese Kombination kann entweder aus zwei oder mehreren Softwareprodukten, zwei oder mehreren Hardwareprodukten oder aus einer Variation von Software- und Hardwareprodukten bestehen.

Die in dieser Arbeit getroffenen Einteilung der Produkte erfolgte nach softwaretechnischen Aspekten. Eine Einteilung nach hardwarespezifischen Aspekten erfolgte nicht. Vereinzelt werden Hinweise zur verwendeten Hardware oder zu bestehenden Hardwarepartnern gegeben.

Ein Vergleich soll nicht vorgenommen werden. Derartige Produktvergleiche sind sehr zeitaufwendig und deshalb innerhalb dieser Diplomarbeit nicht realisierbar. Jedoch bestand die Möglichkeit, auf bestehende Produktvergleiche zurückzugreifen, an die sich diese Arbeit anlehnt.[2]

---

[2] Quelle: Schinzer, Bange, Wehner, Zeile - Management mit Maus und Monitor; www.olapreport.com

Data Warhouse-Tools

Nachstehend ist eine kleine Auswahl an Tools aufgeführt, welche in den Bereichen der Datenübernahme und -extraktion, Metadatenverwaltung etc. Anwendung findet. Diese Produkte sollen an dieser Stelle nur beispielhaft für die Vielzahl der vorhandenen Produkte aufgeführt sein.

Produkt	Anbieter	Anmerkung	Stand
Platinum Repository	Platinum	Das Platinum Repository dient als zentraler Kontrollpunkt, wodurch es dem Unternehmen ermöglicht wird, große Datenmengen, Anwendungen und Systeme in einer heterogenen Umgebung einfach zu handhaben, zu pflegen und darauf zuzugreifen. www.platinum.com	März 98
PRISM-Solution	PRISM	Dieses Produkt ist die nächste Generation der „Warehouse Executive" und des „Prism Warehouse Directory", mit integrierter Fähigkeit für Design, Konstruktion, Wartung von *Data Warehouse* und *Data Marts*. www.prismsolutions.com/index.html	März 98
Rochade	R&O	Rochade läuft auf Maschinen unterschiedlicher Größen, sowohl *Mainframe* als auch *Client / Server* Umgebungen. Für Client-Plattformen ist Windows 3.1, 95, NT, OS/2, UNIX Motif und ISPF verfügbar. Für Server-Plattformen ist MVS, OS/2, UNIX, Windows verfügbar. Die gebotene Flexibilität und Dehnbarkeit dient zur Deckung des komplexen Kundenbedarfs. www.vivasoft.com	März 98
Source Point	Software AG	UNIX- und Windows NT-basierende Komponenten zur Koordination der Datenextraktion und -transport sowie des Ladeprozesses. www.softwareag.com	März 98

Quelle: eigenständiger Entwurf

Tabelle 4: Data Warehouse-Tools

Tools zur multidimensionalen Datenmodellierung und -speicherung

Einer der wichtigsten Gesichtspunkte innerhalb des gesamten OLAP-Themengebietes ist die Datenmodellierung und Speicherung als Basis für eine optimale Navigation. Somit erhalten auch die Softwareprodukte, welche diese Funktionalität gewährleisten sollen, einen großen Stellenwert.

Nachfolgend wird ein Auszug über die am Markt vorhandenen multidimensionalen Datenbank-Softwareprodukte gegeben, wobei vornehmlich auf die wichtigsten Softwareprodukte bzw. deren Vertreiber eingegangen wurde.

Produkt	Anbieter	Anmerkung	Stand
TM1	Applix	Version 6 und 7 dieses unterbewerteten *Client / Server OLAP*, (1996 von Applix übernommen) www.Aplix.com	Februar 98
Essbase, WIRED und IBM DB2 OLAP Server	Arbor Software und IBM	Version 5.0 einer führenden Multidimensionalen Datenbank und Version 3.0 von WIRED in Kombination mit dem OLAP-Server von *IBM* www.arborsoft.com/essbase/db2olap	März 98
Decision Desctop, Detect & Alert	Comshare	Comshare (vorher Commander) Decision 2.1; mit der Möglichkeit der Wahl von OLAP-Engines und erweiterten Webzugriff durch Java Schnittstelle. www.comshare.com	Februar 98
DI-Diver und DI-Atlantis	Dimensional Insight	Eine unterbewertete Produktvorschau, bezeichnet als CrossTarget. www.dimins.com/Products/index.html	Juli 97
MetaCube	Informix	Neue Version 4.0; mit technischer Überlegenheit aber unterdurchschnittlicher Vermarktung und Marktanteilen als ROLAP www.informix.com/infmx-cgi/Webdriver	Februar 98
MS-OLAP Server	Microsoft	Weltweit ist die erste Vorbesichtigung des neuen Microsoft OLAP-Servers Ende 1998. www.microsoft.com/data/oledb/olap.default	Februar 98
Express	Oracle	Version 6.1 eines seit längerer Zeit etablierten OLAP-Marktanteilsführer. www.oracle.com/products/olap/html	Februar 98
Pilot Decision Support Suite	Pilot Software	Version 5.1 dieses verkaufs- und marketingorientierten *OLAP* (gegenwärtig in neuer Besitzerschaft) www.pilotsw.com/products/Welcome.htm	Februar 98
Holos	Seagate Software	Version 6.0 einer anspruchsvollen Hybrid-*OLAP* Anwendung, jetzt mit neuer zusammengesetzter OLAP-Architektur und World Wide Web Unterstützung. www.seagatesoftware.com/holos	Februar 98
Triagon	SNI AG	Version mit integrierter Modellierung, Datenpräsentation und -analyse. Eine Saubere Trennung dieser beiden Funktionen wird in einem Arbeitsplatzkonzept realisiert. www.sni.de/consulting/offers_e/asw2550e.htm	Februar 98

Quelle: eigenständiger Entwurf

Tabelle 5: Tools zur multidimensionalen Datenmodellierung und -speicherung

OLAP Abfrage- und Analyse-Tools

Präsentations-Tools üben auf den Endanwender einen großen Einfluß aus. Für die in der folgenden Tabelle aufgelisteten Softwareprodukte gilt insbesondere, die OLAP-Funktionalität der vorhergegangenen Softwaregruppe zu unterstützen und weiter zu nutzen. Die Tabelle gibt eine Übersicht der wesentlichen Abfrage- und Analyse-Softwareprodukte und ihrer Anbieter am aktuellen Markt.

Produkt	Anbieter	Anmerkung	Stand
Brio Enterprise	Brio Technology	Version 5.5 dieses schnell wachsenden Desktop-OLAP *www.brio.com/products/new.html*	März 98
BusinessObjects	Business Objects	Version 4.1 ist eine OLAP-fähige Version mit integriertem *Desktop* mit *Data Mining* Option. *www.businessobjects.com/products/index.htm*	Februar 98
PowerPlay and Scenario	Cognos	Version 5.5 des populärsten Desktop-OLAP und Scenario 2.0, auch ein *Data Mining* Produkt. *www.Cognos.com*	Februar 98
Decision Desctop, Detect & Alert	Comshare	Comshare (vorher Commander) Decision 2.1, mit der Möglichkeit der Wahl von OLAP-Engines und erweiterten Webzugriff durch Java Schnittstelle. *www.comshare.com*	Februar 98
DI-Diver und DI-Atlantis	Dimensional Insight	Eine unterbewertete Produktvorschau, bezeichnet als CrossTarget. *www.dimins.com/Products/index.html*	Februar 97
DecisionSuite	Information Advantage	Version 5.7 des bahnbrechenden 3-Ebenen *ROLAP* *www.infoadvan.com/products.htm*	Februar 98
DSS Agent	MicroStrategy	Version 5.0 des führenden *ROLAP* *www.strategy.com/Products/Agent/index.htm*	Februar 98
AnswerSets	Next Action Technology	Zusammengefaßte Revision dieses innovativen Datenauswahl-Tools *www.answersets.com*	Februar 98
Pilot Decision Support Suite	Pilot Software	Version 5.1 dieses verkaufs- und marketingorientierten *OLAP* *www.pilotsw.com/products/Welcome.htm*	Februar 98
Triagon	SNI AG	Version mit integrierter Modellierung, Datenpräsentation und -analyse. Eine Saubere Trennung dieser beiden Funktionen wird in einem Arbeitsplatzkonzept realisiert. *www.sni.de/consulting/offers_e/asw2550e.htm*	

Quelle: eigenständiger Entwurf

Tabelle 6: *OLAP* Abfrage- und Analyse-Tools

Softwareprodukte für EIS-Komplettlösungen

Eine Reihe von Vertreibern hat sich dafür entschieden, Komplettlösungen für den EIS-Bereich anzubieten. Diese Komplettlösungen (im Bereich der Software) beinhalten i.d.R. keine Fremdprodukte, die durch Kooperationen oder Allianzen in die eigene Produktpalette eingegliedert wurden. Die in der nächsten Tabelle aufgeführten Anbieter (und deren Produkte) stellen Komplettlösungen auf den Markt, bei denen die einzelnen Komponenten (Produkte) von einem Anbieter hergestellt wurden.

Produkt	Anbieter	Anmerkung	Stand
Acuity Group Systeme	Acuity Group	Verschiedene Produkte für den gesamten EIS-Bereich wie Activity Based Costing, HMIS, MP, Acute Trust, Community Trust, Contractor Post Payment Verfication System decken die EIS-Funktionalität ab. *www.acuitygroup.com*	Februar 98
CAMDIS	ASCI Consulting	Windows basierendes *MIS* mit Entscheidungsunterstützung zum Erstellen von dreidimensionalen Datenwürfeln mit Navigation ergänzt durch Ampelfunktionalität. *www.asci-consulting.com*	1997
MicroStrategy Systeme	Micro Strategy	DSS Server, DSS Architect, DSS Agent, DSS Executive, DSS Objects, DSS Web, DSS Administrator deckt alle Bereiche der OLAP-Funktionalität ab. *www.strategy.com/Products/index.htm*	Februar 98
Platinum Systeme	PLATINUM	Mit InfoBeacon, Forest & Trees, InfoReports wird die Gesamtheit der EIS-Funktionalität bedient. Eine gute Skalierbarkeit und Datenaufbereitung wird erzielt. *www.platinum.com*	1997
Red Brick Systeme	Red Brick	Red Brick Warehouse 5.0 ist die neuste Version des Red Brick *RDBMS*, welche speziell für Data Warehouse, Data Mart, Data Mining, OLAP und Datenbank Marketing Anwendungen einzusetzen sind. *www.redbrick.com*	Februar 98
SAS System	SAS Institute	SAS Institut bietet mit den SAS/EIS und SAS/MDDB Tools eine gute Möglichkeit der Datenmodellierung und -präsentation. *www.sas.com*	Februar 98
STRATEGY	ShowCase Corporation	Zusammengefaßte Revision der AS/400 Data Warehouse-Lösung, inklusive Essbase/400 und WIRED. *www.showcasecorp.com/strategy/strategy.html*	Februar 98

Quelle: eigenständiger Entwurf

Tabelle 7: Softwareprodukte für EIS-Komplettlösungen

7.3. Kennenlernen der Unternehmensstruktur

7.3.1. Betriebswirtschaftliche Unternehmensstruktur und -prozesse

Bevor ein logisches Datenmodell für den zu erstellenden Prototypen entworfen werden kann, muß die gesamte Unternehmensstruktur des betroffenen Unternehmens analysiert werden. Dieser Vorgang dient zur Erkennung der Unternehmensstruktur und bildet somit eine Grundlage für die Datenstruktur des zu entwerfenden Datenmodells, welches im nachfolgenden Kapitel näher erläutert wird.

Das Hauptinstrument zur Analyse einer Unternehmensstruktur ist die Durchführung von Interviews und Gesprächen - Info-Bedarfsanalysen - mit Mitarbeitern aus den betroffenen Fachabteilungen.

Eine Info-Bedarfsanalyse wird aus den folgenden Gründen durchgeführt:

Die Info-Bedarfsanalyse . . .

- gewährleistet die Entwicklung eines Informationsproduktes mit und für den Fachbereich.

- gibt dem Anwender die Möglichkeit, seine Wünsche zu äußern und Einfluß auf das Ergebnis zu nehmen.

- liefert wichtige Ergebnisse für das richtige Datenbankdesign.

- gibt wichtige Anhaltspunkte für die Auswahl der richtigen Endbenutzer-Tools.

Die Info-Bedarfsanalyse kann und sollte aus zwei Sichtweisen erfolgen:

- Interviews werden bezüglich der wichtigsten Erfordernisse der Befragten mit den verschiedenen Anwendergruppen durchgeführt (Top-down Sicht).

- Interviews werden bezüglich sauberer, konsistenter Daten über einen gewissen Zeitraum mit den Verfahrensbetreuern durchgeführt (Bottom-up Sicht).

Allgemein lassen sich die Interviews folgendermaßen aufteilen:

Executive Interviews (Interviews mit Geschäftsführern)

Die Fragen, die während der Interviews den Geschäftsführern gestellt werden, haben einen globalen Charakter und sollen u.a. determinieren, welche Geschäftsprozesse im gesamten Unternehmen präsent sind und welche Herausforderungen sich das Unternehmen sowohl gegenwärtig als auch zukünftig stellen muß.

Weiterhin muß herausgestellt werden, wie sich das Verhältnis der Geschäftsführer zur Informationstechnik bewerten läßt. Hier läßt sich schon frühzeitig erkennen, inwiefern ein EIS-Projekt implementierbar ist. Falls sich eine allgemeine Abneigung der Geschäftsleitung gegenüber der Informationstechnik und des technischen Fortschritts feststellen läßt, so ist eine erfolgreiche Implementierung eines *EIS* in einem solchen Unternehmen eher unwahrscheinlich.

Zudem ist die Beziehung der Geschäftsführung mit der *IT* Abteilung von großer Bedeutung. Die Meinung der leitenden Angestellten gegenüber der *IT* Organisation des Unternehmens kann entweder einen äußerst positiven oder einen dementsprechend negativen Einfluß auf die erfolgreiche Implementierung und Durchführung eines EIS-Projektes ausüben.

Manager Interviews

Ziel der Interviews mit Managern ist, ein sehr detailliertes Verständnis für die Prozesse, Abläufe und Funktionen innerhalb der betroffenen Abteilungen zu gewinnen.

Zur Erreichung dieses Zieles werden folgende Fragen gestellt:

- Welche *EIS* werden schon eingesetzt?

Hier wird festgestellt, ob das Unternehmen gegenwärtig *EIS* einsetzt. Falls die Antwort positiv ist, stellt sich heraus, welche *EIS* mit welchen ihnen zugeteilten Ressourcen zum Einsatz kommen.

- Welche Informationen werden von der Abteilung (dem Bereich) verlangt?

Es stellt sich heraus, welche Informationen von den betroffenen Fachabteilungen benötigt und welche derzeit für die aktuelle Geschäftsprozesse verwendet werden. Zudem läßt sich feststellen, welche Informationen verlangt werden, um zukünftige Geschäftsabläufe zu unterstützen.

- Welche Ressourcen stehen zur Verfügung?

Anhand der Beantwortung dieser Frage wird herauskristallisiert, welche Ressourcen in welchem Umfang der Implementierung und Durchführung eines *EIS*-Projektes zugeteilt werden können.

- Wie ist die Beziehung zur *IT* Abteilung?

Bei dieser Frage wird ein Einblick in die vergangenen Projekte des befragten Managers mit der *IT* Abteilung gewonnen. daraus läßt sich ableiten, ob eine gute oder schlechte Zusammenarbeit zwischen Manager und *IT* Organisation besteht.

User Interviews (Interviews mit Endanwendern)

Von entscheidender Bedeutung sind die Gespräche mit den Endanwendern. Wenn durch diese Interviews nicht die nötigen Informationen zum Entwurf des *EIS* und somit zur Entscheidungsunterstützung der Endanwender gewonnen werden können, ist der Erfolg des Projektes stark gefährdet.

Es muß im Gespräch herauskristallisiert werden, in welchen Geschäftsprozessen die einzelnen Entscheidungsträger direkt involviert sind und welche OLTP-Systeme eingesetzt werden. Diese Erkenntnisse deuten unmittelbar auf die Datenquellen. Weiterhin ist interessant, welche *EIS* zum Zeitpunkt des Interviews verwendet werden. Daraus muß sich ermitteln lassen, welche Systemleistung mit der Einführung eines neuen *EIS* zu übertreffen ist bzw. welche Verbesserungen das neue Produkt mit sich bringen sollte.

Es muß geklärt werden, welche Informationen benötigt werden, um die aktuellen und zukünftigen Geschäftsabläufe des Endanwenders zu unterstützen. Anschließend ist die Erfahrung der Endanwender mit Anwendertools ein nicht zu vernachlässigender Aspekt.

Allerdings müssen zum Kennenlernen der Gesamtstruktur und sämtlicher Geschäftsabläufe des betroffenen Unternehmens nicht nur die oben genannten Gruppen befragt werden, sondern es wird zudem eine gemeinsame Anstrengung der *IT* Spezialisten und Fachabteilungen erfordert.

Im Zusammenhang mit der Erstellung des Handelsprototypen wurde der Punkt zum Kennenlernen einer realen Unternehmensstruktur mittels einer Umfrage durchgeführt (siehe Anhang A). Anhand dieser Erhebung sollte die betriebswirtschaftliche Struktur der Unternehmen innerhalb der befragten Branchen gearbeitet werden, wobei die von einem *EIS* betroffenen Aufgabenträger und deren getätigte Abfragen und erwünschten Auswertungen im Vordergrund standen.

Die Umfrage richtete sich an die Bereiche Banken und Handel, wobei der Handelsbereich auf den Einzelhandel eingegrenzt wurde. Es folgt eine grafische Übersicht der Vorgehensweise zur Durchführung der Umfrage:

- **Einleitenden Brief entwerfen (inkl. Abfrage relevanter Aufgabenträger)**
- **Umfrage entwerfen**
- **Anschriften für je 25 Banken und Handelshäuser zusammenstellen**
- **Ausgewählte Banken und Handelshäuser anschreiben**
- **Rückmeldungen auswerten → Aufgabenträger herausstellen**
- **Umfrage an die Aufgabenträger sämtlicher Banken und Handelshäuser abschicken**
- **Rückmeldungen auswerten → Abfragen erstellen**
- **Kontaktieren ausgewählter Ansprechpartner zur Klärung von Fragen**

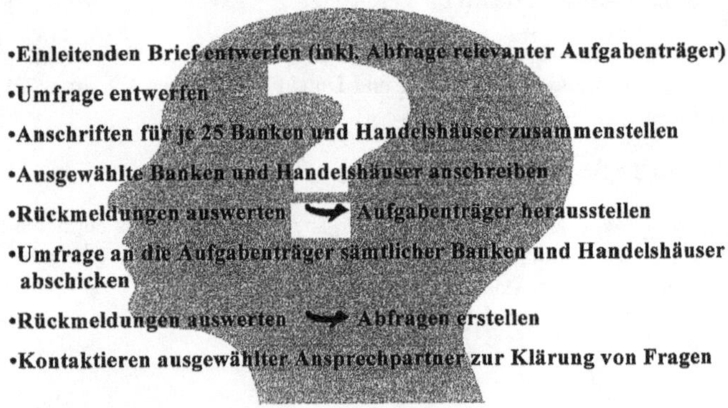

Quelle: eigenständiger Entwurf

Grafik 37: Vorgehensweise zur Durchführung der Umfrage

Die Umfrage ließ sich in zwei Teile gliedern. Der erste Teil bestand aus einem Brief zur Erläuterung des Vorhabens. Die betroffenen Aufgabenträger sollten aufgelistet und jeweils ein Ansprechpartner angegeben werden. Der zweite Teil umfaßte die eigentliche Umfrage mit den Fragen zu den eingesetzten bzw. erwünschten mittels einem *EIS* getätigten Abfragen, wobei die Form der gesuchten Antworten beispielhaft umschrieben wurde.

In einem nächsten Schritt wurden die Zentralen von jeweils 25 Banken und Einzelhandelsunternehmen aus einem Branchenhandbuch entnommen. Die zu Befragenden wurden so ausgewählt, daß ein möglichst repräsentativer Schnitt von kleinen, mittleren und großen Unternehmen für beide Branchen gebildet wurde. An die ausgesuchten Zentralen wurde dann der erste Teil der Umfrage, ein einleitender Brief, zugeschickt. Nachdem Rückmeldungen empfangen wurden, konnte festgehalten werden, welche Aufgabenträger mit der Umfrage anzusprechen waren. Folglich wurde der zweite Teil der Umfrage den ermittelten Personen zugeschickt.

Wiederum wurden Rückmeldungen empfangen, die inhaltlich ausgewertet wurden. Einzelne Rückantworten führten zu persönlichen Telefonaten der angeschriebenen Ansprechpartner. Die Resultate der durchgeführten Befragung ausgewählter Unternehmen und die Auswertung dieser führte zu einem klaren Verständnis des im Handel und Bankenbereich existierenden Bedarfs nach betriebswirtschaftlichen Abfragen und benötigten Informationen. Daraus ließ sich ableiten, welche Form und welchen Inhalt die Datenbasis des zu erstellenden Prototypen aufweisen sollte.

Als Ergebnis der Umfrage konnten die Abfragen aufgestellt werden, die für die unterschiedlichen Branchen von Interesse waren. Die Verwertung dieser Auskunft wird im Kapitel: „Datenpräsentation und -aufbereitung" ausführlich erläutert.

7.3.2. DV-Struktur des Unternehmens

Je nach der Größe eines Unternehmens verteilt sich dieses über ein oder mehrere Standorte. Abhängig von der geographischen Lage und der Bedeutung für das Unternehmen werden diese Standort miteinander vernetzt. Gibt es Unternehmensbereiche, für die sich ein Anschluß an das Netzwerk nicht rentiert, so muß beachtet werden ob und wie die Daten aus diesem Standort in das Netzwerk der Unternehmenszentrale gelangen. Die Belastungsänderung des Netzwerkes bei einem aktiven Einsatz eines *EIS* darf nicht im Konzeptentwurf vernachlässigt werden. Die Struktur der operationalen Systeme, die verwendeten Netzwerktechnologien und vor allem die geplante oder vorhandene Data Warehouse-Architektur sind Faktoren, die auf die Implementierung eines *EIS* Einfluß nehmen.

In Abhängigkeit der unterschiedlichen Varianten von Data Warehouse-Architekturen, kombiniert mit den unternehmensspezifischen Eigenschaften eines vorhandenen Netzwerkes, ergeben sich eine Reihe von verschiedenen Eigenschaften für OLAP-Tools, die beachtet werden sollten. Beispielsweise läßt sich hierbei die Kommunikation der Systeme untereinander wie auch die Flexibilität und Offenheit gegenüber anderen Systemen, Software und Datenbankmanagementsystemen nennen.

Im Rahmen der Diplomarbeit war der Aspekt der DV-Struktur des Unternehmens für die Erstellung des Prototypen irrelevant, da der zu erstellende, branchenspezifische Prototyp sich nicht an die DV-Struktur eines auserwählten Unternehmens anlehnte.

7.3.3. System- und Datenanalyse

Die System- und Datenanalyse sind eng miteinander verbunden, da die Untersuchung der vorhandenen Systeme eines Unternehmens zwangsläufig zur Analyse der in diesen Systemen gespeicherten Daten führt. Somit werden gleichzeitig die Datenquellen für das zu entwickelnde *EIS* entdeckt. Dabei ist festzustellen, wo und in welchem Zustand sich die Daten bei der Übernahme in das geplante *EIS* befinden sollen.

Bei der Systemanalyse werden die Betriebssysteme (operativen Systeme), die die Primärquelle der Daten verkörpern, untersucht. Neue OLTP-Systeme als primäre Datenquellen sind mit Vorsicht zu betrachten. Sollten OLTP-Systeme zeitgleich mit der Implementierung des *EIS* eingeführt werden, so wird die für das *EIS* notwendige Bandbreite nicht zur Verfügung stehen. Während der Einführungsphase des *EIS* wird eine hohe Verpflichtung der OLTP-System Experten und Besitzer verlangt.

Es existieren allerdings auch außerhalb der OLTP-Systeme für das *EIS* wichtige Datenquellen, die zu analysieren sind. Viele Bereiche wie solche, die mit dem Marketing assoziiert sind, verlassen sich in großem Maße auf externe Daten. Die Einbindung dieser Daten ergibt sich erfahrungsgemäß als sehr ressourcenaufwendig. Dazu kommt die Tatsache, daß die Mehrzahl der Anbieter externer Daten regelmäßig die Datenformate erneuern, was zum kontinuierlichen Verbrauch von Ressourcen führt.

Die dritte zu untersuchende Datenquelle umfaßt die sogenannten „Dateninseln" (Data Islands). Diese isolierten, nicht-integrierten, operationalen und zur Analyse verwendeten Systeme sind bei Anwendern besonders populär. Es wird vom Benutzer davon ausgegangen, daß diese Dateninseln gültige Datenquellen darstellen. Diese Form der Datenquelle kann reichlich Aufwand zur Integration, Bereinigung und Extraktion der Daten aus den verschiedenen, im Unternehmen verstreuten Dateninseln mit sich bringen. Diese Quellen sollten möglichst früh geortet und mit Ressourcen versehen werden, damit sie komplett in das geplante *EIS* eingebunden werden können.

Die Daten müssen hinsichtlich ihrer Struktur, Form und Semantik analysiert werden, was zu einer immens aufwendigen Detailarbeit führt, da die genannten Eigenschaften verstanden und dokumentiert werden müssen.

Weiterhin müssen für alle in das *EIS* einzubindende Daten eindeutige Bezeichnungen vorliegen. Neben der Bereinigung der Datenfeldbezeichnungen sind die unterschiedlichen Datenformate anzupassen. Auch muß die semantische Integrität der Daten hergestellt werden.

Für den Handelsprototypen erwies sich die Systemanalyse als uninteressant, weil der Prototyp isoliert zu erstellen war und folglich nicht in Berührung mit fremden Systemen kam. Zudem spielten Systeme in Form von Datenquellen keine Rolle, da mit einer vorgegebenen Datenbasis (einzige Datenquelle) gearbeitet wurde.

Eine gewöhnliche Datenanalyse, wie oben aufgeführt, wurde nicht durchgeführt. Die begegneten Probleme mit der Datenbasis und die darauffolgende Modifizierung der Daten werden in einem späteren Kapitel präzise dargelegt.

7.4. Aufbau des logischen Datenmodells

„Unter einem Unternehmensdatenmodell versteht man das konzeptuelle Modell der Unternehmensdaten, d. h. aller zentral und (oder) dezentral zu verwaltenden informationellen Objekte und Beziehungen der „realen Welt" des Unternehmens."[1]

Die Hauptziele eines Unternehmensdatenmodells lassen sich folgendermaßen einteilen:

- Dokumentation der Unternehmensressource „Information",

- Entwurfsgrundlage für neue Informationssysteme,

- Nachdokumentation vorhandener Informationssysteme,

- Grundlage für Auswahl und Anpassung von Standardsoftware,

- Grundlage für die Einarbeitung und Schulung neuer Mitarbeiter,

- Grundlage für die Einordnung und Fortschrittsbeurteilung von DV-Projekten,

- Sichtbarmachen von Überdeckungen und Schnittstellen zwischen Teilprojekten und

- Grundlage der Ablaufoptimierung.

Das Unternehmensdatenmodell läßt sich in einzelne Datenmodelle aufteilen. Das zentrale Datenmodell wird durch das Datenmodell des *Data Warehouse* dargestellt. Zudem bestehen Datenmodelle für die unterschiedlichen, vorhandenen OLAP-Ausprägungen des *EIS*.

Ausgehend von einem Zentralen *Data Warehouse*, besitzt das entsprechende Datenmodell einen globalen Charakter, bildet die wesentlichen, zentralen Informationsobjekte, -beziehungen und -flüsse ab und verfügt über eine demgemäß überragende Bedeutung. Die Daten, die Anwender und die Auswertungen nehmen auf das Datenmodell des *Data Warehouse* Bezug. Es ist sowohl die Verständigungsbasis zwischen Anwendern als auch die Grundlage, auf der Auswertungen aufgebaut werden. Weiterhin nehmen alle Transformationswerkzeuge auf dieses Datenmodell Bezug, indem sie Quelldaten nach Vorgaben des Modells transformieren.

Die Datenmodelle der verschiedenen OLAP-Ausprägungen sind im Gegensatz zum Datenmodell des *Data Warehouse* wesentlich spezifischer auf Abteilungen und (oder) einzelne Aufgabenträger ausgerichtet.
Zu beachten ist, daß die *OLAP* Datenmodelle keineswegs vollkommen getrennt von dem *Data Warehouse* Datenmodell zu betrachten sind. Das *On-Line Analytical Processing* und somit das dazugehörige Datenmodell basiert hinsichtlich der Datenstrukturen und der Geschäftsprozesse auf dem *Data Warehouse* bzw. dessen Datenmodell.

---

[1] Quelle: Münzenberger - „Pragmatische Datenmodellierung", ONLINE 1/90

Im Zusammenhang mit der Erstellung des Datenmodells für das *EIS* werden die Datenmodelle des *Data Warehouse* und der OLAP-Gestaltungen entworfen. Die Gesamtheit dieser Modelle bilden das *EIS* Datenmodell.

Das EIS-Datenmodell zeichnet sich einerseits durch die Beschreibung der im Unternehmen enthaltenen Daten und andererseits durch die Darstellung der Geschäftsprozesse innerhalb des Unternehmens aus.

Daten

Im Datenmodell soll die geplante strukturelle Gliederung der Daten entworfen und abgebildet werden. Somit wird festgehalten, welche Struktur und welches Format die im *EIS* enthaltenen Daten besitzen sollten. Dieser Planungsvorgang hat direkte Auswirkungen auf die spätere Kompatibilität der Daten. Zudem wird mit der Datenstruktur Einfluß auf die Speicherungsform der Daten genommen, die anschließend erläutert wird.

Im Zusammenhang mit diesem Schritt müssen die vorhandenen Systeme (Datenquellen) und die Daten selbst analysiert werden. Eine genaue Erläuterung dazu befindet sich im Abschnitt „System- und Datenanalyse".

Eine weitere Eigenschaft der Daten, die im Datenmodell enthalten sein muß, ist die Speicherform.
Es wird festgehalten wie die Daten im *EIS* bzw. in der EIS-Komponente *Data Warehouse* zu speichern sind.
Somit wird frühzeitig die Grundlage für die spätere Zugriffsgeschwindigkeit der Endanwender auf die Daten und den benötigten Speicherplatzbedarf gebildet.

Weiterhin beinhaltet das Datenmodell Informationen über die geographische Gliederung der Daten, woraus sich eine Kapazitätsplanung der Hardware des *Data Warhouse*, der *Data Marts* und der OLAP-Server ableiten läßt.

Unternehmensprozesse

Innerhalb des Datenmodells soll erkannt werden, welche Endanwender vom geplanten *EIS* betroffen sein werden. Mittels der Analyse der Unternehmensprozesse (siehe „Betriebswirtschaftliche Unternehmensstruktur und -prozesse") können die angesprochenen Aufgabenträger ermittelt werden.

Außerdem können durch die aufgezeichneten Geschäftsabläufe eines Unternehmens die Datenflüsse erkannt werden.

Die Datenstruktur und damit die Grundlage für das Datenmodell wurden für den Prototypen der Diplomarbeit vorgegeben. Das Datenmodell war dem Datenbankentwurf der zugrunde liegenden Datenbasis gleichzustellen, wobei die Tabellen mit deren Aufbau und Verknüpfungen im engeren Sinne einen Entwurf für das Datenmodell darstellten.

7.5. Erschaffung der Datenbasis

Der Prozeß der Extraktion und Transformation der Daten zur Schaffung einer einheitlichen Datenbasis folgt dem analytischen Prozeß zur Erstellung des Datenmodells. Die wichtigsten Punkte des Prozesses werden hier nur kurz umrissen, eine ausführliche Beschreibung befindet sich im Kapitel: „Data Warehouse" unter dem Abschnitt „Komponenten eines Data Warehouse".

Die in den Datenquellen enthaltenen Daten werden mit Hilfe von Extraktions- und Transformationswerkzeugen extrahiert, bearbeitet und in das spätere Data Warehouse-Format überführt. Dabei können Datensätze umorganisiert, aggregiert, übersetzt, abgeleitet oder entschlüsselt sowie gegebenenfalls um neue Komponenten ergänzt werden. Dieser Vorgang stellt für den Administrator einen großen Arbeitsaufwand dar.

Das realisierte Extraktionskonzept ist in entscheidendem Maße für die Qualität und somit für den Nutzen der Daten für die Endanwender verantwortlich. Es wird über die Input-Schicht mit Hilfe zweier Prozeßschritte gewährleistet. Im ersten Schritt erfolgt die Übertragung der Daten. Der zweite Prozeßschritt umfaßt die „Veredelung" der Daten. Sie werden betriebswirtschaftlich aufbereitet, was zur stufenweisen *Verdichtung* führt.

Nachdem die Daten in der vorgesehenen Weise bearbeitet und extrahiert wurden, können sie auf das Data Warehouse-System transferiert und geladen werden.

Anzumerken ist, daß die in den vorangegangenen Schritten gewonnenen Erkenntnisse in Form von Regeln, Zuordnungen und Definitionen anschließend in einer Metadatenbank festgehalten werden müssen. Diese Datenbank bildet die Grundlage für die spätere Arbeit mit den transferierten Daten (Hintergründe für diese Arbeit werden im oben genannten Kapitel gegeben).

Im Verlauf der Prototypenerstellung für die Diplomarbeit hat der Prototyp einen großen Teil aller benötigten Transformationen der Originaldaten in die entworfene Datenbank geleistet. Typischerweise wäre bei diesem Schritt ein großer Programmieraufwand erforderlich gewesen. Für diese Arbeit wurde eine Datenbasis vorgegeben, die künstlich generierte Daten beinhaltete, wobei diese möglichst realistisch und umfangreich gestaltet waren. Diese Datenbasis stammte von der Software CD zum Ralph Kimball Buch: „The Data Warehouse Toolkit" und war in Form einer MS Access Datenbank aufbereitet.

Aufgrund dieser vorgebenden Datenbank, war keine Programmierung notwendig, da direkte und indirekte Microsoft Access-Schnittstellen zu sämtlichen OLAP- und BIT-Tools standardmäßig existieren und funktionieren.

Allerdings zeigten sich durch die in der Umfrage gewonnen Erkenntnisse über erwünschte Abfragen bzw. Auswertungen, daß die Datenbasis für die Branche Handel in dem vorgegebenen Zustand als untauglich erwies. Beispielsweise waren sämtliche Umsatzzahlen unrealistisch über gegebene Zeiträume verteilt. Als Konsequenz dieser Diskrepanzen wurden mit immensen Zeitaufwand Zehntausende von Datensätzen überarbeitet, so daß letztendlich eine zufriedenstellende und einsetzbare Datenbasis geschaffen war.

7.6. Auswahl der Software zur Datenmodellierung und -präsentation

In diesem Kapitel wird ein Kriterienkatalog vorgegeben, der für Unternehmen als Grundlage zur Auswahl der Software zur Datenmodellierung und -präsentation (OLAP- und BIT-Werkzeuge) dienen soll. Anhand dieser Kriterien wurde im Rahmen der Diplomarbeit die zur Datenmodellierung und -präsentation des Prototypen verwendete Software ausgewählt.

Zu berücksichtigen ist, daß die einzelnen Kriterien nicht scharf zu trennen sind. Oftmals verweist ein Kriterium auf ein oder mehrere andere Kriterien innerhalb dieses Katalogs.

Weiterhin ist zu beachten, daß der nachfolgende Kriterienkatalog in dieser Form und Zusammenstellung in der Literatur nicht besteht. Der Katalog entstand aus Hinweisen und Fakten aus der Literatur, zahlreichen Gesprächen mit Fachleuten, analysierten Fallbeispielen und aus den von der tatsächlichen Implementierung der Software gewonnenen Erkenntnissen.

7.6.1. Kriterien

Die Auswahl der Software zur Datenmodellierung und -präsentation erfolgt unter Berücksichtigung der in der folgenden Grafik dargestellten Kriterien.

Quelle: eigenständiger Entwurf

Grafik 38: Kriterienkatalog

Im folgenden werden die einzelnen Kriterien näher erläutert:

7.6.1.1. Funktionalität

Da verschiedene Produkte unterschiedliche Funktionalitäten besitzen, muß bei der Auswahl eines einzelnen Produktes insbesondere die angebotene Funktionalität untersucht und berücksichtigt werden.

Eine EIS-Produktkomponente kann die Funktionalität einer, mehrerer oder aller drei Funktionalitätsebenen eines *EIS* gewährleisten. Normalerweise ist immer ein Aufgabenschwerpunkt der einzelnen Produkten zu erkennen, so daß gesagt werden kann: Dieses Produkt ist prädestiniert für die Ebene der Informationsspeicherung und -selektion (*Data Warehouse*), die Ebene der Informationsmodellierung und der multidimensionalen Aufbereitung (*OLAP*) oder die Ebene der Informationsauswertung und -aufbereitung (*BIT*). Selbstverständlich versuchen einige Produkte mehrere Funktionalitätsebenen abzudecken. Tatsächlich leisten sie aber nur eine optimale Aufgabenerfüllung für eine der genannten Ebenen. Die Funktionalitäten der anderen Ebene(n) werden auch bedient, aber nicht in dem Umfang wie es konkurrierende Produkte, die dort ihren Schwerpunkt haben, leisten würden.

Das Abdecken der Funktionalität mehrerer Ebenen, gewinnt unter dem Gesichtspunkt der Kosteneinsparung an Bedeutung. Können Kompromisse gefunden werden auf bestimmte Funktionalitäten zu verzichten, so ist es ausreichen ein Softwareprodukt, das die Aufgaben mehrerer Ebenen übernimmt, einzukaufen.

Die folgende Grafik stellt die drei Ebenen einer EIS-Lösung dar:

Business Intelligence Tools
Informationsaufbereitung
Informationsauswertung

OLAP Engine
multidimensionale Sichten
Informationsmodellierung

Data Warehouse
Informationsspeicherung
Informationsselektierung

Quelle: Schnitzer, Bange, Wehner, Zeile - Management mit Maus und Monitor

Grafik 39: Die drei Ebenen einer EIS-Lösung

So verfügt beispielsweise das EIS-Produkt Essbase von Arbor Software hauptsächlich über ausgeprägte OLAP-relevante Speicher- und Modellierungskomponenten (2. Ebene der Grafik), während die Analyse und Präsentation (3. Ebene der Grafik) der so modellierten Informationsbasis in Kombination mit spezifischen BIT-Werkzeugen wie dem Decision Desktop von Comshare realisiert wird. Die Funktionalität der 1. Ebene könnte theoretisch auch von der Essbase Software übernommen werden. Da hierbei sehr detaillierte Daten in großen Mengen gespeichert werden, bietet sich eine Standard Data Warehouse-Software, wie sie in der Tabelle 4 „Data Warehouse-Tools" unter dem Kapitel „EIS Produktpalette" aufgeführt ist, wesentlich besser an. Solche Software ist für den Umgang mit großen Datenmengen geeigneter.

Zu beachten ist, daß grundsätzlich mit fast allen Produkten alles realisiert werden kann, nur ist der Aufwand bei einem x-beliebigen Produkt ungleich höher als bei der Wahl eines für eine oder mehrere Funktionalitätsebenen einer EIS-Lösung besonders prädestinierten Werkzeugs.

Es läßt sich festhalten, daß das Unternehmen erstens eine konkrete Vorstellung der erwünschten und benötigten Funktionalitäten der Software zur Datenmodellierung und -präsentation sowie einer Gewichtung der beiden Ebenen (2. und 3. Ebene der Grafik) haben muß. Zweitens sollte Klarheit darüber herrschen, wie hoch die Kosten für dieses Vorhaben sein dürfen. Diese zwei Punkte sollten geklärt werden, um eine korrekte Auswahl treffen zu können.

7.6.1.2. Akzeptanz der Endanwender

Eines der entscheidenden Kriterien bei dem Kauf einer Software zur Datenmodellierung und -präsentation ist die Akzeptanz der Endanwender. Sollte ein Produkt eingekauft werden, ohne daß der Endanwender es akzeptiert, so wird das Produkt nur mäßig und unwillig und folglich nicht mit dem erwünschten Erfolg für das Unternehmen eingesetzt.

Dieser Kritikpunkt bezieht sich hauptsächlich auf die Funktionalität zur Datenpräsentation, wobei die Funktion der Datenmodellierung für die meisten Endanwender zugunsten der Anwenderfreundlichkeit in den Hintergrund tritt.

Ein wichtiger Aspekt der Datenpräsentation und -aufbereitung für den Endanwender ist u.a. die Manipulationsmöglichkeit der zu benutzenden Software. Dies umfaßt Auswertungen, die durch den Anwender verändert werden können und zeigt sich beispielsweise an der Veränderung der Grafikform(en) und der Methodenwahl.

Weiterhin interessiert den Endanwender wie einfach und komfortabel die gesamte Anwendung zur Datenpräsentation variiert werden kann. Allerdings muß hierbei die Komplexität der einzusetzenden Software berücksichtigt werden. So wird ein fertiges Produkt zur Datenpräsentation, das als elektronisches Berichtswesen konzipiert wurde, kaum weitgehende Veränderungsmöglichkeiten anbieten. Dafür kommt es auch mit einer rudimentären Funktionalität aus, die Computerkenntnisse des Benutzers überflüssig erscheinen lassen.

Die folgende Grafik veranschaulicht an Hand von Produktbeispielen das Verhältnis der Komplexität der Bedienung der Software zur Akzeptanz bei dem Endanwender:

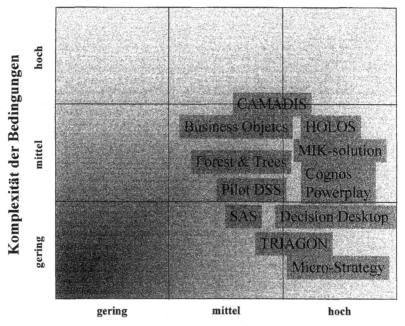

Quelle: Schnitzer, Bange, Wehner, Zeile - Management mit Maus und Monitor

Grafik 40: Komplexität der Bedienung

Es ist erkennbar, daß beispielsweise das Produkt TRIAGON bei den Endanwendern durch die einfache Bedienungsstruktur auf eine hohe Akzeptanz trifft, da bei dieser Software auf einen Blick alle wesentlichen Informationen auf dem Bildschirm angezeigt werden.

Andererseits erfordern Produkte wie CAMADIS und BusinessObjects eine etwas intensivere Beschäftigung mit der Anwendungsbedienung. Das nötige Know-how wird aber sicherlich von manchen Anwendern bereitwillig aufgebracht, da diese dann auch selbständig tiefgehende Analysen und Berichte realisieren können.

Folglich ist festzuhalten, daß auch die Funktionalität der Datenmodellierung bei manchen, wenn auch nicht den meisten, Anwendern zur Akzeptanz der Software beiträgt. Welche Anwender auf welche Funktionalität mehr Wert legen, wird im folgenden Kriterium näher erläutert.

7.6.1.3. Zielgruppe und Funktionsorientierung

Zu welcher Hierarchieebene innerhalb des Unternehmens die Endanwender gehören, hat eine Auswirkung auf die Auswahl der Software zur Datenmodellierung und -präsentation.

Vor der Auswahl eines Produktes muß analysiert werden, welche Zielgruppen im Unternehmen mit den Anwendungen ausgestattet werden sollen. Längst ist dabei der Einsatz von *EIS* nicht mehr auf das Management beschränkt, sondern wird bedarfsorientiert auf allen Ebenen des Unternehmens eingesetzt. Mit steigender Hierarchieebene im Unternehmen nimmt das Interesse an komplexen Auswertungsmöglichkeiten ab, wobei eine einfache Informationspräsentation in den Vordergrund rückt.

Bei dem unteren Management steht die fachorientierte Erstellung von Analysen in tabellarischer und grafischer Form im Vordergrund.

Im Gegensatz dazu steht beim mittleren Management der Umgang mit den erstellten Modellen im Vordergrund. Diese Anwender haben oft dedizierte Funktionen wie Bereichsleitung oder Projektmanagement. Instrumente wie *Slice* und *Dice, Drill Down, Roll Up* und *Drill Through* sind hier sehr sinnvoll einsetzbar.

Bei dem oberen Management sind Werkzeuge prädestiniert, bei denen die grafische Aufbereitung vorgefertigter Analysen Hauptgesichtspunkt ist (siehe Grafik: Informationspräsentation mit MIK-Graph). Parallel muß die Durchführung beliebiger Drill Funktionen (*Drill Down, Roll Up, Drill Through*) gewährleistet sein.

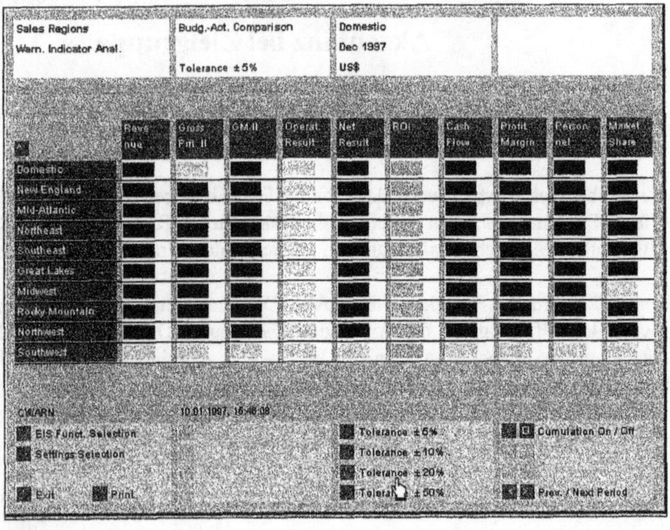

Quelle: MIK-Graph

Grafik 41: Informationspräsentation mit MIK-Graph

Um den unterschiedlichen Interessen auf den verschiedenen Hierarchieebenen entgegen zu kommen, bieten inzwischen einige Anbieter unterschiedliche Ausprägungen der Softwareprodukte zur Datenpräsentation und -modellierung an. So werden unter dem Namen MIK-INSIGHT, CAMEDIS EIS usw. Module mit einfachster Benutzungsoberfläche für das obere Management und mit dem Namen MIK-INFO und CAMADIS MIS die funktional besser ausgestatteten Systeme für das operative Management vertrieben.

Festzustellen ist, daß viele der verfügbaren EIS-Produkte zwar auf bestimmte Zielgruppen - unteres, mittleres oder oberes Management - ausgerichtet sind, können allerdings für die meisten Bereiche eines Unternehmens eingesetzt werden. Es fehlt also eine klar definierte Funktionsorientierung der unterschiedlichen Produkte. Anhand einiger Produktbeispiele veranschaulicht die folgende Grafik die genannte Tatsache:

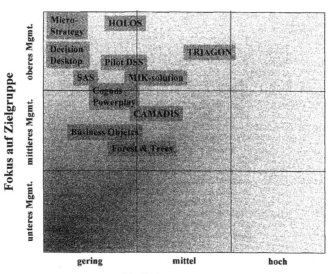

Funktionsorientierung

Quelle: Schnitzer, Bange, Wehner, Zeile - Management mit Maus und Monitor

Grafik 42: Zielgruppe und Funktionsorientierung

Bei dieser Grafik ist zu beachten, daß eine geringe Funktionsorientierung heißt, daß keine spezifische Ausrichtung des Produktes erkennbar ist, so daß mit diesen Anwendungen alle Bereiche abgedeckt werden können. Bei einem mittleren Wert ist eine gewisse Fokussierung auf bestimmte Bereiche erkennbar, trotzdem ist das Produkt in der Lage auch andere Lösungen zu realisieren. Ein hoher Wert der Funktionsorientierung deutet auf eine sinnvolle Verwendung in den explizit angegebenen Einsatzbereichen (beispielsweise: Rechnungswesen, Marketing usw.).

Es läßt sich zusammenfassen, daß bei der Auswahl der Software zur Datenmodellierung und -präsentation die betroffene Zielgruppe und die erwünschte Funktionsorientierung von großer Bedeutung sind und als wichtige Kriterien nicht vernachlässigt werden dürfen.

7.6.1.4. Preisstruktur

Da einerseits der Preis eines zu kaufenden Produktes und somit der Kostenfaktor für das Unternehmen in Form einer Investition bei einer Kaufentscheidung immer einen entscheidenden Faktor darstellt und andererseits die auf dem Markt vorhandenen EIS-Produkte sich von der Preisstruktur erheblich unterscheiden, ist somit dieses Kriterium bei der Auswahl einer Software zur Datenmodellierung und -präsentation unbedingt zu berücksichtigen.

Dabei ist zu beachten, daß auch das Kriterium des Preises direkt mit weiteren Eigenschaften bzw. Kriterien des Produktes zusammenhängt. Im folgenden werden diese eng verwandten Charakteristika eines Softwareproduktes zur Datenmodellierung und -präsentation aufgeführt und kurz erläutert.

Version / Modul

Die Version eines Produktes hat eine direkte Auswirkung auf dessen Verkaufspreis. Allgemein läßt sich feststellen, daß eine aktuellere Version einen höheren Preis verursacht. Das hängt mit der Tatsache zusammen, daß eine neue Version eines Produktes meistens nicht nur Verbesserungen der vorherigen Version aufweisen, sondern auch zusätzliche Funktionen bzw. Funktionalitäten mit sich bringt.

Weiterhin haben die unterschiedlichen Module eines Produktes einen starken Einfluß auf die Preisgestaltung. Hierbei läßt sich grob unterscheiden, ob es sich um ein Anwender- oder Administratormodul handelt. Diese beiden Module unterscheiden sich bezüglich deren Zugriffsmöglichkeiten und den angebotenen Schnittstellen. Prinzipiell sind die Administratormodule durch umfangreicheren Funktionalitäten mit einem höheren Preis versehen.

Anwenderanzahl / Lizenzen

Die Lizenzvergebung für ein Produkt hängt grundsätzlich direkt zusammen mit der Anzahl der Anwender, die das zu kaufende Produkt nutzen sollen. Das heißt, daß entweder Pauschallizenzen für Gruppen von Anwendern oder Einzellizenzen pro Anwender vergeben werden. Der Preis der Pauschallizenzen bezieht sich auf die Größe der Anwendergruppe, wobei Anbieter, die diese Variante Lizenzen vertreiben, gestaffelte Pauschallizenzen verkaufen (beispielsweise: 1. Pauschallizenz für eine Gruppe kleiner als 500 Anwender, 2. Pauschallizenz für eine Gruppe größer als 500 aber kleiner als 1000). Einzellizenzen bleiben im Preis pro Anwender unverändert.

Bei größeren Mengen von Anwendern, bei denen das zu kaufende Produkt eingesetzt werden soll, empfiehlt es sich meistens Pauschallizenzen zu erwerben, da diese sich im allgemeinen als kostengünstiger erweisen.

Verschiedene Anbieter der EIS-Produkte besitzen unterschiedliche Vertriebsstrategien. Folglich, muß das Unternehmen, daß sich ein Sofwareprodukt aneignen möchte, im klaren darüber sein, wieviel Anwender das Produkt nutzen sollen. Weiterhin müssen dann Preisvergleiche hinsichtlich der Lizenzvergebung der Anbieter vollzogen werden.

Funktionalität

Die auf dem Markt verfügbaren EIS-Produkte besitzen jeweils einen unterschiedlichen Umfang der verschiedenen möglichen Funktionalitäten.

Demnach werden im allgemeinen Produkte, die von den drei Hauptfunktionalitäten (Datenspeicherung; Datenmodellierung; Datenpräsentation) mehrere oder alle besitzen, mit einem höheren Preis angeboten, als dieses bei Produkten mit Abdeckung allein einer Funktionalitätsebene der Fall ist.

Server oder Client Komponente

Weiterhin unterscheiden sich die Softwareprodukte hinsichtlich ihrer Komponenten, die sich im wesentlichen in Server- und Clientkomponenten einstufen lassen.

Welche Komponenten, oftmals sind es beide, von einem Anbieter im Rahmen eines Produktes angeboten werden, hat eine direkte Auswirkung auf den Verkaufspreis des betroffenen Produktes.

Serverkomponenten sind generell mit höheren Preisen versehen als Clientkomponenten.

Werden die oben aufgeführten Kriterien zusammengefaßt bzw. alle gleichwertig beim Kauf einer Software bezüglich des Preises betrachtet, so kann das Unternehmen gezielter nach dem geeigneten Produkt suchen.

Beispiele für Preisstrukturen

Es folgen einige Beispiele zu den unterschiedlichen Preisstrukturen verschiedener auf dem Markt angebotenen Softwareprodukte zur Datenmodellierung und -präsentation:

Produkt	Anbieter	Preis	Version / Modul	Funktionalität
PowerPlay	Cognos GmbH	1,3 TDM	Anwender-Version	alle 3 Ebenen
APPLIX TM1 Perspectives	APPLIX GmbH	ab 1,7 TDM		1. und 2. Ebene
TRIAGON	Siemens Nixdorf Informations- systeme AG	ca. 3,4 TDM pro Lizenz		alle 3 Ebenen
CAMADIS	ASCI Consulting GmbH	ab 6 TDM		alle 3 Ebenen
HOLOS	Seagate Software GmbH	ca. 24 TDM (für 5 User)		alle 3 Ebenen
Decision Desktop und Detect & Alert	Comshare GmbH	ca. 45 TDM (1 User) ca. 200 TDM (10 User)	Decision Access Modul, inkl. Essbase Datenbank	alle 3 Ebenen

Quelle: Schnitzer, Bange, Wehner, Zeile - Management mit Maus und Monitor

Tabelle 8: Beispiele für die unterschiedlichen Preisstrukturen der angebotenen EIS-Produkte

Die oben aufgezeichnete Tabelle ist weitgehend selbsterklärend, dennoch erfordert die Spalte „Funktionalität" eine kurze Erläuterung. Die Inhalte dieser Spalte beziehen sich auf die drei Funktionalitätsebenen, die in dem Abschnitt zum Kriterium „Funktionalität" ausführlich beschrieben und erläutert wurden. Demnach stellt die 1. Ebene die Datenspeicherung, die 2. Ebene die Datenmodellierung und die dritte Ebene die Datenpräsentation dar.

7.6.1.5. Branchenspezifische Nutzung

Obwohl einige Produkte für spezielle Branchen konzipiert werden, werden die Masse der EIS-Produkte nicht branchenspezifisch ausgerichtet.

Die Ausrichtung vieler EIS-Produkte zielt eher auf die Funktionsorientierung (unter dem Kriterium: „Zielgruppe und Funktionsorientierung" schon angesprochen) als auf die Branchenorientierung ab.

Im wesentlichen bieten die großen Anbieter der EIS-Produkte wie Oracle, Arbor Software und Seagate Software insgesamt funktionsorientierte Lösungen an und überlassen dabei die Spezialisierung auf Branchen einigen kleinen Anbietern, wobei die branchenspezifischen Lösungen lediglich eine Marktnische bilden.

Als Ausnahme der Regel läßt sich die Branche des Finanzsektors hervorheben. Die meisten der branchenspezifischen EIS-Produkte zielen insbesondere auf diese Branche ab, wie beispielsweise Arbor Software mit dem Produkt Essbase Financial Data Mart.

Ein weiteres Beispiel für die Eignung einer Software für den Finanzsektor (unter anderem) ist das Produkt TRIAGON von der Siemens Nixdorf Informationssysteme AG:

TRIAGON ist in solchen Fällen sehr gut geeignet, in denen es auf eine schnelle und übersichtliche Darstellung von Abweichungen ankommt. Aus diesem Grund eignet sich dieses Produkt daher vor allem für Branchen, in denen komplexe Filial- und Produktstrukturen u.ä. analysiert werden sollen. Branchen, für denen eine solche Software in Frage käme, sind u.a. Handel, Banken und Versicherungen.

In der folgenden Tabelle werden einige Anbieter von branchenspezifischen EIS-Produkten aufgeführt:

Anbieter	Produkt	Branche	Eigenschaften
IBM	FinanceQuery	Banken	bietet Kunden- und Rentabilitätsanalysen
Treasury Services Corporation	TSER	Banken	bietet Rentabilitätsanalysen
DCI Cardmarketing	DataMagic	Handel	bietet Analysen zum Kaufverhalten der Kunden
IBM	RetailQuery	Handel	bietet Warenkorbanalysen

Quelle: eigenständiger Entwurf

Tabelle 9: Anbieter von branchenspezifischen EIS-Produkten

Zusammengefaßt läßt sich feststellen, daß dieses Kriterium zwar von dem Unternehmen mit der Absicht ein Produkt zur Datenmodellierung und -präsentation zu erwerben bei der Auswahl beachtet und in Betracht gezogen werden sollte. Der Eigenschaft der branchenspezifischen Nutzung sollte keineswegs eine allzu großen Gewichtung beigemessen werden.

7.6.1.6. Sicherheit

Da der strategische Wert der in einem *EIS* enthaltenen Daten meistens sehr hoch ist, müssen diese Systeme gegen unbefugte Nutzung mittels Sicherheitskonzepte geschützt werden.
Nur wenn die Unternehmungsführung überzeugt ist, daß diese Informationen gegen Mißbrauch und Manipulation geschützt werden, ist eine dauerhafte Versorgung dieser Systeme mit strategischen Informationen gewährleistet.

Die Sicherheitskonzepte schließen auch die gezielte Informationsverteilung ein. Beispielsweise soll ein Produktmanager nur die Informationen einsehen können, die für seine Produktgruppe relevant sind, während ein Gebietsleiter den Ausschnitt für sein Gebiet über alle Produkte benötigt.

In diesem Punkt der Sicherheit empfiehlt sich beispielsweise das Produkt TRIAGON der Siemens Nixdorf Informationssysteme AG. Ein vierstufiges Arbeitsplatzkonzept - Manager, Redakteur, Chefredakteur, Administrator - erlaubt nicht nur die Feinsteuerung von Manipulationsrechten, sondern auch die einfache Definition von neuen Arbeitsplätzen, die bestimmten Benutzergruppen zugewiesen werden.

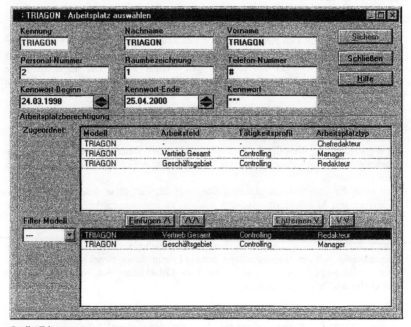

Quelle: Triagon

Grafik 43: Definition von Zugriffsrechten auf bestimmte Objekte

Die Unterschiede bezüglich der Sicherheitsmechanismen zwischen den Produkten zur Datenmodellierung und -präsentation sind enorm groß. Während manche Produkte es erlauben, einzelne Objekte, Dimensionen oder deren Elemente für bestimmte Benutzer freizugeben, bieten andere Werkzeuge nur einfachen Paßwortschutz für die Anwendungen. Zudem wird die Verwaltung von Benutzergruppen längst nicht von jedem Werkzeug gewährleistet.

7.6.1.7. Modellierungsfähigkeit

Dieser Kritikpunkt bezieht sich hauptsächlich auf die Funktionalität zur Datenmodellierung, wobei hier erhebliche Unterschiede im gebotenen Leistungsumfang der einzelnen Produkte existieren.

Bei der Modellierung einer unternehmensspezifischen Lösung steht die Frage im Vordergrund, wie komfortabel und effizient Dimensionen, Hierarchien und Merkmalsausprägungen in den Systemen erstellt werden können.

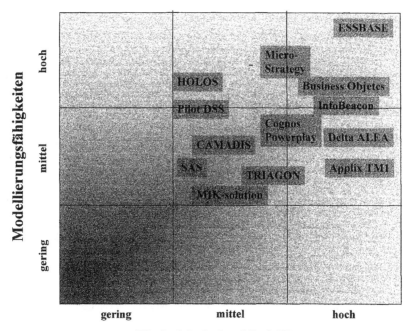

Einfachheit der Modellierung

Quelle: Schnitzer, Bange, Wehner, Zeile - Management mit Maus und Monitor

Grafik 44: Modellierungsfähigkeit einzelner EIS-Produkte

Mit geringen Modellierungsfähigkeiten sind beispielsweise eingeschränkte Fähigkeiten der Produkte zur Verwaltung und Darstellung von Dimensionen sowie rudimentäre Möglichkeiten zur Abbildung der Hierarchiebeziehungen gemeint. Auf der mittleren Stufe sind Produkte angeordnet, die eine ausreichende Anzahl von Dimensionen sowie die erforderlichen Funktionen zur Abbildung der Hierarchien (mindestens Addition und Subtraktion) enthalten.

Eine hohe Modellierungsfähigkeit wird den Produkten zugesprochen, die es den Entwicklern darüber hinaus ermöglichen, die erstellten Modelle durch weitere Funktionen hinsichtlich Speicherplatzbedarf und -performance zu optimieren.

Demnach muß sich das betroffene Unternehmen im klaren darüber sein, welche Modellierungsfähigkeit von der zu kaufenden Software erforderlich ist.

7.6.1.8. Data Warehouse-Architektur eines Unternehmens

Die Methoden der Erstellung und die erforderlichen Softwareprodukte zur Datenmodellierung von multidimensionalen Datenbasen variieren dahingehend, welche Data Warehouse-Architektur vom betroffenen Unternehmen eingesetzt wird. Es ist zu beachten, daß in manchen Unternehmen ein *Data Warehouse* weder vorhanden noch geplant ist, aber trotzdem die Möglichkeit zur Analyse multidimensional aufbereiteter Daten erwünscht ist.

Wie schon erwähnt (siehe Kapitel: „Data Warehouse"), ergeben sich beim *Data Warehouse* die drei Architekturtypen: virtuelles *Data Warehouse*, zentrales *Data Warehouse* und *Data Marts*, wobei innerhalb dieser drei Typisierungen mehrere weitere Architekturen auftauchen.

Ausgehend von einem zentralen oder dezentralen *Data Warehouse* liegen die verwendeten Daten bereits in einer strukturierten und einheitlichen Form vor. Tools für die Modellierung und Präsentation müssen die Funktionalität der Transformation von Daten unterschiedlicher Quellen nicht in überdurchschnittlichem Maße erfüllen. Lediglich die Data Warehouse-Schnittstelle muß stabil sein. Für die Komplexität der Modellierung trifft dasselbe zu.

In Abhängigkeit der im *Data Warehouse* vorhandenen Aggregationsstufen muß entschieden werden, in wie weit die OLAP-Tools und *BITs* die Fähigkeit zur Aggregation besitzen müssen.

Ist kein *Data Warehouse* vorhanden, kann die Gegebenheit der OLAP-Auswertungen und Analysen gleichwohl wahrgenommen werden. Die Software sollte viele Schnittstellen besitzen, damit es keine Probleme gibt, auf verschiedene operative Systeme zuzugreifen.

Ob die Software in der Lage sein muß, nicht nur mit den eigenen modellierten Daten zu arbeiten, sondern auch ein *Drill Down* auf der darunterliegenden Funktionsebene durchzuführen, ist oftmals von der Komplexität der Auswertungen abhängig. Dieser Prozeß wird überwiegend bei komplizierten, detaillierten Datenauswertungen angewandt und wird im folgenden Abschnitt umfassender charakterisiert.

7.6.1.9. Datenzugriffs- und Datenverarbeitungsgeschwindigkeit

Die Beantwortungszeit gestellter Abfragen ist ein außerordentlich maßgeblicher Aspekt, der sich in allen drei Funktionsebenen eines *EIS* offenbart. Überdurchschnittlich zeitintensive Abfragen können die Erstellung eines *EIS* enorm in Frage stellen.

Für die Datenverarbeitungszeit und das Antwortzeitverhalten des Systems ist in erster Linie die *Performance* der verwendeten Hardware verantwortlich. Die Nutzung und der Verbrauch der Ressourcen, verursacht durch die Analyse- und Auswertungstools, ist ein Punkt, der nicht außer acht gelassen werden sollte. Speziell bei einem Virtuellen *Data Warehouse* nutzen diese Tools häufig die operationalen System- und Hardwarekomponenten.

Weiterhin haben die Art, der Umfang und die Häufigkeit der Auswertungen ebenfalls einen nicht zu vernachlässigenden Einfluß auf die Datenzugriffs- und Datenverarbeitungsgeschwindigkeit

Art und Umfang der Abfragen

Schon im Vorfeld der Erstellung eines *EIS* ist es wichtig zu wissen, wer, wann, wie oft, mit welchen Zugriffsrechten und von welchem Ort aus eine Abfrage an das System stellt. Diese Fragen müssen beantwortet und ausgewertet werden, um ein Konzept zu entwickeln, in dem festgehalten wird, welchen Umfang alltägliche Standardabfragen, Ad hoc-Abfragen bzw. seltene, komplexe Abfragen besitzen sollen.

Das bedeutet, daß die täglichen Standardabfragen sowie auch die Ad hoc-Abfragen durch OLAP-Tools gewährt werden. Sind diese nicht vorhanden und werden durch ein *Fat Client* Konzept ersetzt und realisiert, so muß geklärt werden, ob der *Client* für die Bewältigung dieser Abfragen leistungsfähig genug ist.

Können diese Auswertungen nicht von der Clientsoftware oder OLAP-Serversoftware erbracht werden, gibt es alternativ die Möglichkeit, daß die Abfragen auf der Data Warehouse-Hardware ausgeführt werden. Bei den oben angesprochenen komplexen, umfangreichen Abfragen wird dies i.d.R. getan. Die BIT- und OLAP-Tools müssen in diesem Fall in der Lage sein, diese Abfragen an die Ebene unter ihnen weiterzuleiten und wieder entgegenzunehmen.

Auswertungen mit großen Datenvolumina, hervorgerufen durch einen hohen Detaillierungsgrad der beteiligten Daten oder durch sehr komplexe, mehrdimensionale Abfragen, kann zu sehr lang andauerndenden Beantwortungszeiten führen. Eine Belastung der OLAP- oder Client-Hardware ist abzuraten, da diese Systeme bei der Bearbeitung der Standardabfragen nicht überfordert werden dürfen.

Für die Softwareauswahl bedeutet dies, daß die entsprechende Software die angeforderten Leistungen hinsichtlich der Verarbeitungs- und Beantwortungszeit erfüllt. Gibt sie Auswertungen an die untere Funktionsebene weiter, so muß sie diesen Prozeß unterstützen. Der Zeitaspekt, wie er in diesem Abschnitt verstanden wurde, läßt den Vergleich von *ROLAP* und *MOLAP* äußerst interessant werden, da die Verarbeitungsgeschwindigkeit bei solchen Vergleichen mit im Vordergrund steht.

7.6.1.10. Kooperationen mit EDV Unternehmen

Das Bestehen vorhandener Kooperation mit *IT* Unternehmen kann die Auswahl bestimmter Tools beeinflussen. Dies ist der Fall, wenn Partner innerhalb ihrer Produktpalette auch OLAP-Produkte anbieten.

Mögliche Denkansätze:

- Kompatibilität vorhandener Systemen, wenn diese ebenfalls vom selben Partner bezogen wurden

- Kosten und Zuverlässigkeit in der Beratung, Betreuung, Schulung, Pflege der Systeme usw.

7.6.1.11. Know-how der Mitarbeiter

Das vorhandene Know-how der Mitarbeiter birgt ein großes Potential und ist als Kostenfaktor nicht zu unterschätzen. Folgend Beeinflussungen der Auswahl lassen sich erkennen:

- Der Einsatz von Tools mit einer Präsentation in Microsoft Excel durch ein entsprechendes Add-In, bietet sich oft an, da dieses Tabellenkalkulationsprogramm eine sehr große Anwendung in den Unternehmen findet.

- Die Möglichkeit des Umgangs der Mitarbeiter mit komplexeren Tools, beispielsweise zur Datenmodellierung, erfordert am Anfang zwar einen hohen Schulungsaufwand, bietet im nachhinein aber eine größere Unabhängigkeit von den *IT* Unternehmen. Es müssen nicht nur die anwenderfreundlichsten Tools eingesetzt werden.

7.6.2. Getroffene Wahl

Wie schon erwähnt, lehnt sich die Auswahl der Software bzw. der Werkzeuge zur Datenmodellierung und -präsentation im Rahmen der Diplomarbeit an den im vorherigen Kapitel aufgestellten Kriterienkatalog an.

Anhand einiger Punkte des Kriterienkatalogs wurde folgende Software zur Erstellung des Prototypen ausgewählt:

- **Essbase**   **Datenmodellierung**

- **Essbase Excel Add-In**   **Datenpräsentation und -aufbereitung**

- **BusinessObjects**   **Datenpräsentation und -aufbereitung**

- **Forest & Trees**   **Datenpräsentation und -aufbereitung**

Hierbei ist zu beachten, daß die Tatsache, ob eine Software im Hause der Siemens Nixdorf Informationssysteme AG schon im Einsatz war bzw. zur Verfügung stand, einen großen Einfluß auf die Auswahl der Software für die Erstellung des Prototypen hatte.

Im folgenden werden die ausgesuchten Produkte ausführlich beschrieben, wobei sich jeweils eine Begründung der Auswahl anschließt:

7.6.2.1. Essbase

Um eine objektive Beschreibung zu gewährleisten, ist die folgende Softwarebeschreibung an einen neutralen Produktvergleich von 15 EIS-Werkzeugen angelehnt.[1]

Kurzbeschreibung

Essbase, ein Produkt der Arbor Corporation, ist eine der bekanntesten multidimensionalen Datenbanken auf dem Markt. Die Datenbank basiert auf der *Client- /Server-Architektur* mit dem Essbase Data Analysis Server als zentrale Komponente. Auf den *Clients* kann der Anwender mit dem Essbase *Application Manager* oder über Microsoft Excel und Lotus 1-2-3 auf die Datenbank zugreifen. Während mit den Tabellenkalkulationsprogrammen in der Regel Daten eingegeben, ausgegeben und präsentiert werden können, bietet der *Application Manager* umfassende Möglichkeiten zur Modellierung von Datenstrukturen, zum Import von Daten aus verschiedenen Quellen und zur Verwaltung der Datenbankinhalte. Detaillierte Zugriffsrechte auf Datenbanken und deren Inhalte sowie Benutzergruppen werden ebenfalls im *Application Manager* definiert. Neben den Funktionen zur Dimensionsmodellierung können mit dem *Application Manager* auch Kalkulationen und Reporte erstellt werden. Konsolidierungen und sonstige Berechnungen der numerischen Werte in der Datenbank werden in sogenannte „calc scripts" definiert. Reporte werden entsprechend mit „report scripts" erstellt.

Die eigentliche Stärke von Essbase ist der Einsatz als Datenbank *Backend* für OLAP-Anwendungen. Hierfür wurden von der Arbor Corporation viele Kooperationen mit anderen Herstellern eingegangen, wobei ein offenes *API* auch die Eigenentwicklung von Applikationen möglich macht.

Zielgruppe

Essbase kommt dort zum Einsatz, wo eine leistungsfähige und große multidimensionale Datenbank benötigt wird. Zielgruppe sind also Systemdesigner, die nach Möglichkeiten zur Bereitstellung von Analysedaten suchen. Häufig werden bei *Data Warehouse* Projekten insbesondere kleinere *Data Mart* Lösungen mit multidimensionalen Datenbanken realisiert, wenn die analytische Verarbeitungsgeschwindigkeit in diesem Teilbereich im Vordergrund steht.

Software Anforderungen

Als Oberfläche bzw. Betriebssystem ist entweder Windows NT, OS/2, HP-UX, AIX oder Sun Solaris vorauszusetzen.

---

[1] lt. Schinzer, Bange, Wehner, Zeile - Management mit Maus und Monitor

Hardware Anforderungen

Als Mindestvoraussetzungen werden für den *Client* ein 80486-33 Prozessor und 12 Megabyte Hauptspeicher genannt. Für den Server ist ein Pentium-66 mit 32 Megabyte Hauptspeicher erforderlich, wobei 64 Megabyte Hauptspeicher empfohlen wird.

Neben den genannten Systemvoraussetzungen wird für das multidimensionale *Datenbankmanagementsystem* mit seinen Zusatzkomponenten weniger als 20 Megabyte Festplattenplatz benötigt.

Der benötigte Speicherplatz zur Datenhaltung ist bei multidimensionalen Datenbanken dann in der Regel jedoch deutlich größer als bei relationalen Speicherkonzepten. Bisher bestehende Grenzen bei der Skalierbarkeit wurden bei der Version 4.0 mit einer maximalen Dantenbankgröße von 132 Terabayte wohl überwunden.

Begründung der Auswahl

Das Produkt Essbase 5.0 der Firma Arbor Software wurde ausgewählt, da diese Software die Funktionsebene der Datenmodellierung und der multidimensionalen Aufbereitung von Daten gewährleistet.

Der *Application Manager* von Essbase bietet umfassende Möglichkeiten zur Modellierung von Datenstrukturen. Dazu zählen der Import von Daten aus verschiedensten Datenquellen und die Verwaltung der Datenbankinhalte. Ferner ist die Automatisation der Aktualisierung der Daten sichergestellt, so daß die getätigten Veränderungen der Datenbasis keinen weiteren Arbeitsaufwand ergaben.

Essbase enthält mit dem *Outline Editor* ein spezielles Werkzeug, mit dessen Hilfe die Datenstrukturen leicht modelliert werden können. Diese Komponente stellt ein komfortables und effizientes Werkzeug zur Datenmodellierung dar, was sich u.a. durch die diversen Möglichkeiten der Darstellung der Beziehungen zwischen den Hierarchiemitgliedern auszeichnet.

Betont werden soll, daß die Möglichkeit bestand, mit der neusten Version Essbase Version 5.0 zu arbeiten, da diese zur Zeit des Schreibens der Diplomarbeit innerhalb der Abteilung getestet wurde. Die Version 5.0 besitzt die Fähigkeit sehr große Datenvolumen zu modellieren und ist zusätzlich eines der fortgeschrittensten EIS-Produkte auf dem Markt.

7.6.2.2. Essbase Excel Add-In

Nähere Erläuterungen zu Erweiterungen handelsüblicher Standardprodukte wie das Essbase Excel Add-In sind in dem Kapitel: „Business Intelligence Tools" unter dem Abschnitt „Erweiterungen handelsüblicher Standardprodukte" zu finden.

Kurzbeschreibung

Das Essbase Excel Add-In stellt in Form eines extra Pull-Down Menüs eine Erweiterung der standardmäßigen Microsoft Excel Anwendung dar. Alle excelspezifischen Funktionalitäten werden weiterhin beibehalten und lediglich um die Funktionen des Add-In Menüs erweitert. Die untenstehende Grafik zeigt genau dieses Pull-Down Menü:

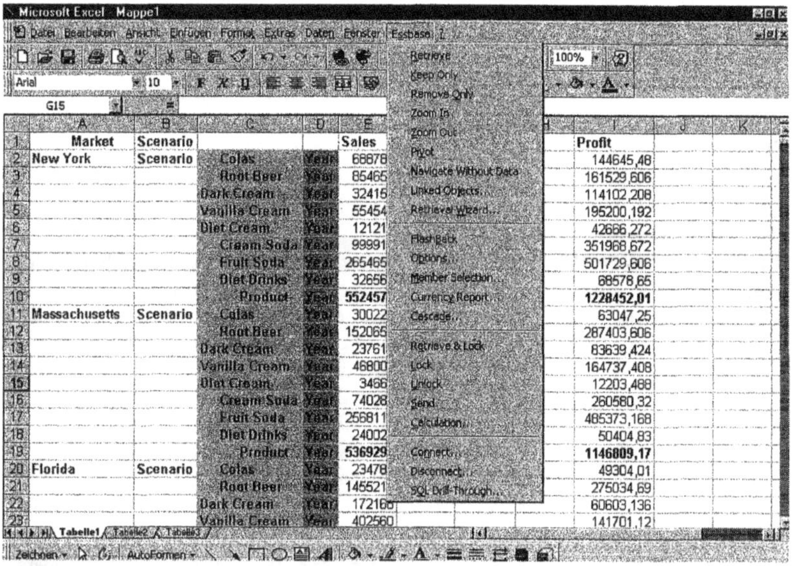

Quelle: Microsoft Excel mit Essbase Excel Add-In

Grafik 45: Beispiel für ein Microsoft Excel Add-In

Zielgruppe

Diese Möglichkeit zur Datenpräsentation und -aufbereitung wird überwiegend im Controllingbereich und in entscheidungsvorbereitenden Stabstellen eingesetzt. Diese Aufgabenträger kennen sich i.d.R. mit dem Produkt aus. Außerdem liegt es in ihrem Aufgabenbereich, mit relativ detaillierten Daten zu arbeiten. Die Add-Ins sowie auch Microsoft Excel unterstützen diese Anforderung.

Für das obere Management ist eine solche Lösung weniger geeignet, da für diese Unternehmensschicht eine möglichst einfache Berichtserstellung mit einem sehr hohen Standard der grafischen Darstellung erforderlich ist. Zudem weist sich eine Anwendung wie Microsoft Excel als relativ kompliziert auf.

Begründung der Auswahl

Der Hauptgrund für die Entscheidung das Essbase Excel Add-In zu verwenden, lag in der praktischen Erfahrung, daß eine große Anzahl von Mitarbeitern mit Microsoft Excel vertraut sind. Die Nutzung des Add-Ins stellt somit keine großen Veränderungen hinsichtlich der Arbeitsoberfläche dar. Dementsprechend kann es nur vorteilhaft sein, die Möglichkeit der Auswertungen über das Microsoft Excel Produkt sicherzustellen.

Sind eventuelle Kunden nicht daran interessiert, Präsentationswerkzeuge wie BusinessObjects zu verwenden, wie es das Konzept des während der Diplomarbeit erstellten Prototypen vorsieht, gibt es keine andere Variante, als das kostengünstige Add-In zu nutzen.

7.6.2.3. BusinessObjects

Um eine objektive Beschreibung zu gewährleisten, ist die folgende Softwarebeschreibung an einen neutralen Produktvergleich von 15 EIS-Werkzeugen angelehnt.[2]

Kurzbeschreibung

BusinessObjects ist ein Produkt der Firma Business Objects und wird seit 1990 auf dem Markt angeboten.

Mit BusinessObjects läßt sich ein Virtuelles *Data Warehouse* erstellen, d.h. es läßt sich eine Metadatenstruktur zur multidimensionalen Analyse operativer Datenbestände erzeugen. Datenbasis kann dabei jedes gängige relationale Datenbanksystem sein, da der Zugriff auf die Datenbanken über den Microsoft Standard *ODBC* erfolgt. Das Datenmodell der Datenbasis ist für die Erstellung des Metadatenschemas unerheblich. Normalisierte Datenschemata, die in operativen Datenbeständen häufig vorzufinden sind, eignen sich ebenso gut wie die im *Data Warehouse* gebräuchlichen denormalisierten *Star-* oder *Snowflake-Schemata*. BusinessObjects ist voll netzwerk- und multiuserfähig kann aber auch in einer „stand-alone" Konfiguration installiert werden.

Zielgruppe

BusinessObjects eignet sich aufgrund der Zugriffsmöglichkeiten auf operative Datenbestände und dispositive Daten im *Data Warehouse* sowohl für Entscheidungen mit kurzem Zeithorizont als auch für langfristige strategische Entscheidungen auf Basis historischer Daten in einem *Data Warehouse*. Zielgruppe sind daher Analytiker, denen es auf aktuelle Daten und kurzfristige Entscheidungen ankommt, wie sie z.B. in den Marketingabteilungen gängig sind, und langfristig ausgerichtete Strategien.

Software Anforderungen

Als Oberfläche bzw. Betriebssystem ist entweder Windows 3.1, 95 oder NT vorauszusetzen.

Hardware Anforderungen

BusinessObjects ist auf allen gängigen Plattformen lauffähig. Als Mindestvoraussetzungen werden ein 80486 Prozessor und 15 Megabyte Hauptspeicher genannt. Für eine „stand-alone" Installation werden 25 Megabyte freier Festplattenspeicher benötigt. Für die Netzwerkinstallation sind 32 Megabyte für den Server und 1 Megabyte für den *Client* erforderlich.

Begründung der Auswahl

BusinessObjects bietet eine gute Möglichkeit, Daten auszuwerten und zu präsentieren.

Vorteilhaft ist, daß nicht alle der Funktionalitäten des Produktes verwendet oder sogar eingekauft werden müssen. So wie das Produkt für diesen Prototypen in erster Linie verwendet wurde, war es ausreichend nur die „Report-Funktion" zu nutzen.

---

[2] lt. Schinzer, Bange, Wehner, Zeile - Management mit Maus und Monitor

Die Fähigkeit der Navigation durch BusinessObjects selbst ist dadurch nicht mehr gegeben, wird aber in vollem Umfang von der Essbase Software erfüllt und dementsprechend von BusinessObjects übernommen.

Einen weiteren Fürspruch bekam die Software aufgrund ihrer einfachen Handhabung. Datenmodelle werden leicht und übersichtlich präsentiert, die Erstellung von Berichten und Ad hoc-Abfragen ist schnell zu erlernen und gut gelöst.

7.6.2.4. Forest & Trees

Um eine objektive Beschreibung zu gewährleisten, ist die folgende Softwarebeschreibung an einen neutralen Produktvergleich von 15 EIS-Werkzeugen angelehnt.[3]

Kurzbeschreibung

Forest & Trees wird von der PLATINUM Technologies GmbH vertrieben.

Forest & Trees ist ein sehr komfortables Abfragewerkzeug, das seine Daten direkt aus unterschiedlichen Datenquellen bezieht. Trotz seiner lokalen Zwischenspeicherung liegt der Schwerpunkt von diesem Produkt damit auf der Benutzerebene (Datenpräsentation).

Forest & Trees arbeitet mit einem als endbenutzertauglich zu bezeichnenden Datenabfragewerkzeug, welches auf eine Vielzahl gängiger Datenbanken zugreifen kann. Aus den aus Abfragen erzeugten Sichtweisen der Daten lassen sich beispielsweise mit Hilfe von Kreuztabellen oder mit weiteren Abfragen Daten konsolidieren, so daß sogenannte „Information-Trees" (Informationsbäume) entstehen. Diese können anhand der automatisch erscheinenden Drill Down und Roll Up Knöpfe durchwandert werden. Zusatzfunktionen (wie beispielsweise das detaillierte Benutzerkonzept) lassen dieses Produkt der Gruppe der BIT-Werkzeuge zuordnen.

Zielgruppe

Zielgruppe sind Manager aller Ebenen. Während Manager der unteren bis mittleren Ebene sich vermutlich selbst „Information-Trees" aufbauen und Ad hoc-Abfragen generieren werden, können Manager der höheren Ebene vorgefertigte EIS-Anwendungen benutzen. Mit zunehmender Übung können die Zugriffsrechte auf die Struktur des *EIS* erweitert werden, so daß das System vom Anwender selbst verändert werden kann.

Software Anforderungen

Als Oberfläche bzw. Betriebssystem ist entweder Windows 3.x oder NT vorauszusetzen.

Hardware Anforderungen

Als Mindestvoraussetzungen werden ein 80486-25 Prozessor und 12 Megabyte Hauptspeicher für die Windows 3.x Version bzw. 16 Megabyte Hauptspeicher für die Windows NT Version genannt. Für die Installation wird 20 Megabyte Festplattenspeicher benötigt.

---

[3] lt. Schinzer, Bange, Wehner, Zeile - Management mit Maus und Monitor

Begründung der Auswahl

Um bei Angehörigen des Topmanagements eine Akzeptanz des Prototypen zu erreichen, waren die bisherig ausgewählten Tools nicht ausreichend. Wesentlich einfacher zu bedienende Tools mit simplen Oberflächen werden benötigt. Die vorgefertigten EIS-Anwendungen des Produktes „Forest & Trees", die automatisch erscheinende *Drill Down* und *Roll Up* Knöpfe und einfach aufgebaute Oberflächen werden diesem Anspruch gerecht.

Die Navigation oder in diesem Fall die „Durchwanderung" der Information kann leicht erlernt werden. Eine Erweiterung der Zugriffsrechte auf die Struktur des *EIS* gibt dem Anwender später die Möglichkeit, diese selbst zu verändern oder ändern zu lassen.

7.7. Datenmodellierung

In diesem Abschnitt werden die Schritte zur Gestaltung der multidimensionalen Datenwürfel detailliert erläutert.

Es ist zu beachten, daß dieser Abschnitt sich nur auf die praktische Umsetzung der Datenmodellierung im Rahmen der Erstellung des Prototypen bezieht, wobei alle nachfolgenden Aussagen ausschließlich auf den Handel ausgerichtet sind.

Wie schon erwähnt, wurde zur Datenmodellierung folgende Software ausgewählt:

- Essbase 5.0

In den folgenden Schritten wird die Vorgehensweise zur Erstellung eines bzw. mehrerer Datenwürfel aufgeführt:

7.7.1. Schritt 1 - Kennenlernen der Software

Die ausgewählte Software zur Datenmodellierung war im Unternehmen vorhanden und wurde auf einem verfügbaren Rechner installiert, wobei die Installation problemlos verlief. Anzumerken ist, daß hierbei zwei mögliche Varianten verfügbar waren - zum einen konnte die Serverkomponente auf den Server mit der Clientkomponente auf den *Client*, zum anderen beide Komponenten auf den *Client* geladen werden.
Da der zu erstellende Handelsprototyp einen branchenspezifischen Prototypen darstellte, wurde aus Portabilitätsgründen letztere Option realisiert.

Die Installation ermöglichte einerseits die Nutzung der Software, um die Datenbasis des zu erstellenden Prototypen auf multidimensionaler Art modellieren zu können und andererseits die Durchführung einer Präsentation des Produktes von Essbase Mitarbeitern.

Die Präsentation wurde von Essbase Angehörigen für Mitarbeiter der Siemens Nixdorf Informationssysteme AG gehalten. Durch die Vorführung des Produktes und die darauffolgenden Diskussionen wurde ein kleiner Einblick in die Software gewährleistet. Zum erstmaligen Kennenlernen eines Softwareproduktes ist eine derartige Präsentation empfehlenswert.

Da vor der Vorführung der Essbase Anwendung keine Vorkenntnisse über das Produkt vorhanden waren, war die Teilnahme an der Präsentation unentbehrlich. Trotzdem reichte dieser Einblick in die komplexen Funktionalitäten der Software nicht aus, um einen sicheren Umgang mit der Software zu gewährleisten. Aus diesem Grund wurden vorab die Hauptfunktionalitäten durchexerziert, um über eine gewisse Übung zu verfügen. Letztendlich wurde das Produkt erst durch die Erfahrungen bei der eigentlichen Datenmodellierung besser kennengelernt.

7.7.2. Schritt 2 - Aufsetzen des OLAP auf die Datenbasis

Dieser Schritt umfaßte das Aufsetzen von Essbase 5.0 auf die vorliegende Datenbasis, wobei die entsprechenden Daten in die Essbase Anwendung geladen wurden.

Grundvoraussetzung um mit Essbase und allen darauf basierenden Anwendungen zu arbeiten, ist daß der Serverprozeß laufen muß. Dieser Prozeß steuert, kontrolliert und protokolliert sämtliche Aktivitäten und Zugriffe auf die Essbase Software und die dazugehörige Hardware. Der Serverprozeß kann sowohl den Server als auch den *Client* als Hardware nutzen.

Essbase liest die externe Datenquelle, falls diese ein für Essbase gültiges Format besitzt. Es besteht die Möglichkeit des dynamischen Ladens von Daten. Essbase manipuliert diese Daten insofern, daß sie an die Essbase Datenbank angepaßt sind. Anschließend werden die geladenen Daten in der multidimensionalen Datenbank gespeichert.

Es ist zu beachten, daß beim Ladeprozeß der Daten die von Essbase verfügbaren Schnittstellen berücksichtigt werden mußten.

Im Verlauf des Ladevorgangs von Daten läßt Essbase 5.0 folgende Datenformate zu:

- Microsoft Excel Dateien mit der .XLS Erweiterung, Version 4.0 und höher,

- Lotus 1-2-3 Dateien mit der .WKS, .WK1, .WK3 oder .WK4 Erweiterung,

- Tabellenkalkulation log Dateien,

- ASCII Text Dateien aus ASCII Datensicherungen oder externen Quellen,

- Essbase Export Dateien und

- *SQL* Datenquellen.

Aufgrund des Formates der Datenbasis (Microsoft Access Datei) trat die erste Problematik dieses Prozesses auf. Das Format der Datenbasis entsprach keinen der von Essbase vorgegebenen, gültigen Datenformate. Zwei mögliche Lösungen stellten sich heraus: auf der einen Seite konnte eine neue, derzeit nicht verfügbare Schnittstelle programmiert werden, auf der anderen Seite bestand die Möglichkeit, das Format der Datenbasis an die Vorgaben von Essbase anzupassen. Obwohl die Programmierung mittels einer Standard *SQL* Schnittstelle möglich gewesen wäre, wurde durch die betriebswirtschaftliche Ausrichtung dieser Arbeit auf die Programmierung verzichtet.

Die Datenbasis wurde an ein gültiges Format angepaßt - die Microsoft Access Datei wurde in eine ASCII Textdatei umgestaltet. Ursprünglich war die Umwandlung der Datenbasis in ein Microsoft Excel Format geplant, jedoch erwies sich dieses angestrebte Format vom Umfang als zu begrenzt. Die Höchstgrenze der abzubildenden Datensätze beträgt bei Microsoft Excel ca. 16.000, während die zu verwendende Datenbasis einige Tabellen umfaßte, die mit ihren Datensätzen diese Grenze weit überschritten.

7.7.3. Schritt 3 - Erstellen der physikalischen Datenwürfel

Elementar für diesen Abschnitt sind die aus der Umfrage resultierenden Abfragen.

Einer der ersten logischen Schritte für die Erstellung eines Datenwürfels war die Gestaltung der Dimensionen.

Die erste Fragestellungen in puncto Dimensionsgestaltung war, ob die Dimensionen dynamisch oder statisch angelegt werden sollten. Da der Prototyp so flexibel wie möglich sein sollte und im Vorfeld bereits Änderungen an der Datenbasis vorgenommen wurden (was eine Änderung im Nachhinein nicht ausschließt), wurde die Frage wie folgt beantwortet:

Alle in die Dimensionen eingehenden Daten sollen einer automatischen Aktualisierung (Dynamik) unterliegen. Um dieser Forderung nachzukommen, war es nötig im *Data Prep Editor*, der über den Essbase *Application Manager* aufgerufen wird, sogenannte *rules files* anzulegen. Wichtigstes Kriterium der Nutzung der *rules files* war das eigentliche Laden der Daten. Somit wurde die manuelle Eingabe dieser umgangen.

Datei mit rohen Daten

Quelle: Arbor Software Corporation - ESSBASE Application Manager User's Guide

Grafik 46: Laden der Daten durch *rules files*

Diese *rules files* dienen der Software zur Beschreibung auf welche Art und Weise die Daten für die Modellierung geladen werden und welchen Regeln sie dabei unterliegen. Zu beachten ist, daß für jede Dimension ein eigenes *rules file* angelegt werden muß. Es gibt eine Reihe verschiedener Regeln, die angewandt wurden, um die Daten in eine Form zu bringen, so daß mit ihnen innerhalb des *Data Prep Editors* und der gesamten Essbase Software gearbeitet werden konnte. Um aber diese Regel zu bestimmen, mußte als erstes eine entsprechende Datei in den *Data Prep Editor* geladen werden.

Ein Teil dieser Regeln bezieht sich auf die Formatierungen der Daten. Um diese vorzunehmen, ist es wichtig zu wissen, daß Änderungen der Formate nur für sämtliche Daten einer Gruppe möglich sind. Unter Datengruppe werden die gesamten Daten einer Spalte verstanden. Der andere Teil der zu beachtenden Regeln wird im Anschluß an dieser Ausführungen erläutert.

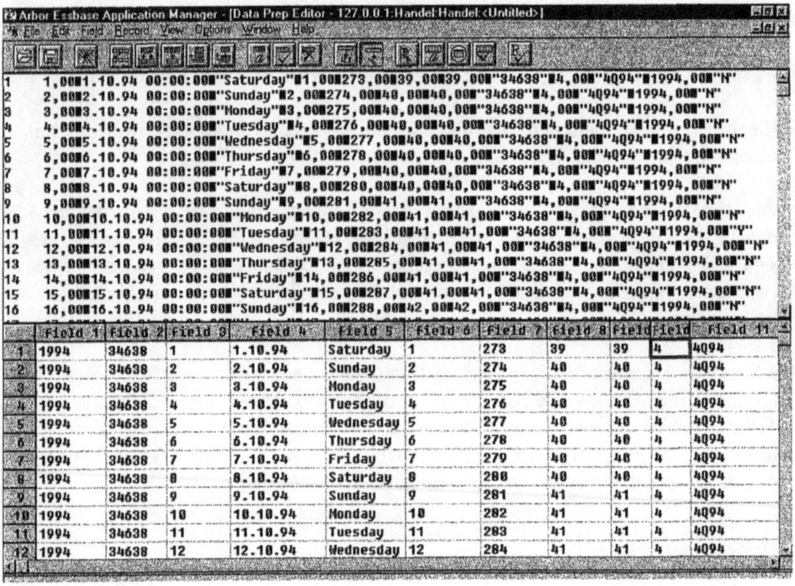

Quelle: Essbase - *Data Prep Editor*

Grafik 47: *Data Prep Editor* mit geladenen Daten

Wie die Grafik zeigt, werden die geladenen Daten, die sich im unteren Teil des Bildes befinden, nach Spalten aufgelistet. Um die Daten „Essbase gerecht" zu formatieren, wurden bestimmte Datengruppen mit Suffixe und Präfixe versehen. Weiterhin wurden ganze Spalten zusammengeführt oder aufgesplittet. Eine Aufsplittung wird jeweils ab einer bestimmten Zeichenposition vorgenommen. Das Bereinigen der Datenformate war in diesem Arbeitsschritt mit den größten Problemen behaftet.

Es wurden beispielsweise Formate wie die des Datums nicht erkannt. Zur Lösung solcher und ähnlicher Probleme mußten die Datenquellen untersucht und gegebenenfalls modifiziert werden, bis das erwünschte Datenformat im *Data Prep Editor* erschien.

Zudem ergaben sich beim dynamischen Laden der Daten erhebliche Speicherplatzprobleme. Der virtuelle Arbeitsspeicher des verwendeten *Clients* war nicht ausreichend, obwohl dieser bereits durch eine Auslagerungsdatei von mehreren 100 Megabyte erhöht wurde. Lediglich durch eine Reduzierung der zu ladenen Datensätze konnte dieser Konflikt behoben werden.

Ist es nicht erforderlich die Daten dynamisch zu laden, können die Dimension auch manuell im *Outline Editor* erstellt werden. Der *Outline Editor* wird aus dem Essbase *Application Manager* aufgerufen.

Nach dem die Regeln für ein automatisches Aktualisieren der Daten hinsichtlich des Ladevorgangs und der Formatierung in der eben beschriebenen Weise aufgestellt wurden, soll nun der zweite Teil der notwendigen Regeln, die ebenfalls in den *rules files* gespeichert werden, beschrieben werden. Hierbei handelt es sich um das tatsächliche Kreieren der Dimensionen, das Wissen über die Abfragen und der betriebswirtschaftlichen Logik dahinter ist an dieser Stelle unentbehrlich. Dieser Prozeß wird ebenso vom *Data Prep Editor* abgedeckt.

Hauptaugenmerk liegt in der richtigen Zusammenstellung der Attribute innerhalb einer Dimension. Wie schon erwähnt, wird jede Dimension in einem eigenen *rules file* erstellt.

Alle globalen Eigenschaften der Dimension sowie die spezifischen Kennzeichen der Attribute werden durch verschiedene Arbeitsschritte im *Data Prep Editor* festgelegt. Die grundlegenden Merkmale, die für eine Dimension und deren Attribute bedeutsam sind, werden anschließend kurz charakterisiert:

Im einem ersten Schritt muß ein eindeutiger Name der Dimension festgelegt werden. Dies geschieht im Dateimenü „Options" unter den Befehl „Dimension Build Settings...". Hier werden auch alle weiteren globalen Merkmale der Dimension festgelegt. So muß die Bildungsvorschrift, die auf die spätere Anordnung der Attribute direkte Auswirkungen hat, bestimmt werden. Mehrere Optionen stehen zur Auswahl:

- „Generation build", jedes Attribut ist einer höherliegenden Generation(sebene) untergeordnet und stellt selber eine Generation dar.

- „Level build", verschiedene Attribute können nebeneinander auf der selben Ebene angeordnet werden.

- „parent-child building", jedes Attribut hat genau ein „Parent-Attribut" und kann selbst für untergeordnete Attribute „Parent-Attribut" sein.

Ein letztes globales Kriterium für Dimensionen ist die Bestimmung der Art:

- „Time" sagt aus, daß die Dimension als Zeitdimension verwandt wird. Diese Art kann und muß in jedem Datenwürfel nur einmal vergeben werden.

- „Country" findet bei Dimensionen Einsatz, die Währungsformate beinhalten. Hierdurch wird eine Umrechnung der Währungseinheiten unterschiedlicher Länder unterstützt. Diese Dimensionsart ist optional anzuwenden. Zu beachten ist, daß keine Verbindung hinsichtlich einer geographischen Auswertung besteht.

- „Account" sagt aus, daß die Dimension die eigentlichen Daten, die Kennzahlen oder Fakten enthält. Diese Art der Dimension muß vergeben werden.

- „None" oder gibt dem Anwender die Chance keine nähere Aussagen über die Art der Dimension zu tätigen.

- „Existing Definition" versucht eine von Essbase automatisch erkannte Art zu bestimmen.

Für die Attribute müssen nun im einzelnen die Namen vergeben werden. Gleichzeit wird eine logische Reihenfolge bestimmt, die abhängig von der Bildungsvorschrift ist. Sind in der im *Data Prep Editor* geladenen Datei Datengruppen vorhanden, die nicht für die Bildung der Dimension erforderlich sind, so können die betroffenen Spalten ausgeblendet werden. Die Datengruppen erhalten die Eigenschaft „Ignore field during dataload". Dieser, wie auch die beiden vorherigen Arbeitsschritte, werden über das Dialogfeld „Field Attributes" ausgeführt. Der Befehl „Attributes..." im Pulldown-Menü „Field" öffnet dieses Dialogfeld.

Nachdem sämtliche *rules files* für die Dimensionen gebildet wurden, werden die Dimensionen automatisch von Essbase generiert. Beim Öffnen des *Outline Editors* werden sie anschließend grafisch umgesetzt und hierarchisch dargestellt:

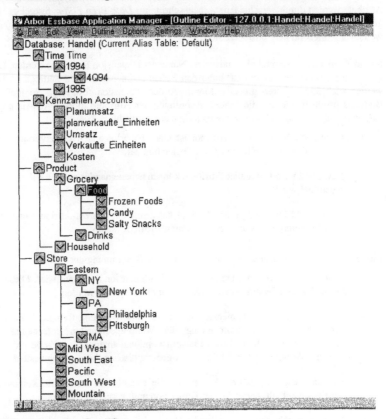

Quelle: Essbase - *Data Prep Editor*

Grafik 48: Grafische Darstellung der Dimensionen eines Datenwürfels

Die Grafik veranschaulicht beispielhaft die kreierten Dimensionen des „Umsatz / Region" Datenwürfels.

Innerhalb des Handelsprototypen wurden die folgenden anwenderspezifischen Datenwürfel erstellt:

- Flächenbewirtschaftung

- Promotion

- Kundenfrequenz

- Umsatz / Region

Die nachfolgende Beschreibung bezieht sich lediglich auf den in der Grafik dargestellten Datenwürfel.

Es wurden die Dimensionen Zeit, Planzeit, Kennzahlen, Produkt und Filiale erschaffen. Die Kennzahlendimension beinhaltet u.a. die Plan- und Istwerte des Umsatzes und der verkauften Stückzahlen. Die Zeitdimension baut sich hierarchisch auf, beginnend mit dem Attribut „Jahr" bis hin zum „Tag". Die Planzeit dagegen enthält im Gegensatz dazu als kleinstes Mitglied das Attribut „Monat". Die Produktdimension unterteilt sich unter anderem in Produkthaupt und -untergruppen.

Anzumerken ist, daß neben einigen kleineren Schwierigkeiten bezüglich der Erkennung von Formaten usw. ein größeres Problem auftrat, daß immer wieder zu zusätzlichem Arbeitsaufwand führte. Das Hauptproblem konnte nicht behoben werden, da es aus der Logik und Konstellation der Software resultiert. Es besteht darin, daß alle Mitglieder eines Attributes über alle Attribute einer Dimension und über alle Dimension des Datenwürfels hinweg eindeutig sein müssen. Da im Handelsprototypen sehr viele Mitglieder innerhalb einzelner Attribute existieren, fiel diese Eigenschaft der Software sehr störend auf, da unverständliche Namensbezeichnungen wie „199 Main Street_New York" oder „t_109_12" entstanden. Dies hatte zur Folge, daß die selben Mietglieder verschiedener Attribute und verschiedener Dimensionen einen anderen Namen bekamen und redundant gespeichert werden mußten. So kam es dazu, daß der Kunde einer Bank in Essbase drei Adressen enthielt, da das Mitglied „Adresse" des Kunden X in drei Dimension enthalten ist.

Anhand der oben aufgeführten Schritte wurden Datenwürfel generiert und physikalisch gespeichert.

Zu diesem Zeitpunkt hatte der *Application Manager* seine Aufgabe erfüllt. Die modellierten Daten konnten nun mit den ausgewählten *BIT*s in Form von Berichten und Auswertungen analysiert und präsentiert werden.

7.8. Datenpräsentation und -aufbereitung

In diesem Abschnitt werden die Schritte zur Gestaltung der Präsentation und Aufbereitung der auszuwertenden Daten mit den dazugehörigen, unterschiedlichen Alternativen detailliert ausgelegt.

Es ist zu beachten, daß dieser Abschnitt sich nur auf die praktische Umsetzung der Datenpräsentation im Rahmen der Erstellung des Prototypen bezieht.

Wie schon erwähnt, wurden zur Datenpräsentation folgende Softwareanwendungen ausgewählt:

- Forest & Trees

- BusinessObjects

- Essbase Excel Add-In

Es wurden drei verschiedene Softwareprodukte zur Datenpräsentation und -aufbereitung gewählt, um somit Auswertungen für die drei unterschiedlichen Unternehmensebenen durchführen zu können. Forest & Trees sollte Auswertungen für das obere Management liefern, BusinessObjects für das mittlere Management und das Essbase Excel Add-In für Controller und ähnliche Anwender.

Dabei ist zu beachten, daß das Produkt Forest & Trees zwar vorgesehen war, aus Zeit- und Ressourcengründen letztendlich aber nicht zum Einsatz kam.

7.8.1. Vorbereitung

Bevor mit den tatsächlichen Auswertungen und Abfragen bzw. deren Präsentation und Aufbereitung begonnen werden konnte, mußten bestimmte Vorbereitungen getroffen werden.

Installation von BusinessObjects 4.1

Die ausgewählte Software zur Datenpräsentation und -aufbereitung war im Unternehmen vorhanden und wurde auf dem mit Essbase 5.0 versehenen Rechner installiert, wobei die Installation problemlos verlief.

Die Installation ermöglichte die Nutzung der Software, um die mit der Essbase Anwendung auf multidimensionaler Art modellierten Daten auf der BusinessObjects Oberfläche aufbereiten, navigieren und visuell präsentieren zu können.

Aufsetzen von BusinessObjects auf Essbase

Voraussetzung für das Aufsetzen von BusinessObjects auf den bzw. die Datenwürfel von Essbase war, daß die Version 4.1 (neuste Version) von BusinessObjects eingesetzt wurde.

In BusinessObjects 4.1 wurde der Zugriff auf den OLAP-Würfel von Essbase in Form einer zusätzlichen Datenquelle installiert. Beim Erstellen eines neuen Berichts war bei der Auswahl der Universen (eine geschäftsorientierte Zusammenstellung der in Datenbanken gefundenen Datenstrukturen) die Option vorhanden, auf „OLAP Essbase" zuzugreifen. Wurde diese Option gewählt, so mußte als nächster Schritt der Essbase Server angemeldet werden.

Obgleich das BusinessObjects Produkt die Funktionalität besitzt, Daten multidimensional zu modellieren, wurde diese Eigenschaft bei der Erstellung des Handelsprototypen zugunsten der Modellierungsfähigkeit von Essbase vernachlässigt bzw. nicht genutzt. Der Hauptgrund hierfür lag in der unzureichenden Darstellung der Zeitdimension in BusinessObjects. Um mit dieser Software beispielsweise ein Vergleich zwischen Ist- und Planwerten durchzuführen, waren mehrere Abfragen erforderlich. Im Gegensatz dazu konnte die Zeitdimension in Essbase schon bei der Datenmodellierung mit der erwünschten Struktur so erstellt werden, daß spätere Vergleiche keine mehrfachen Abfragen erforderten. Neben der besseren Übersichtlichkeit und der leichteren Erstellung von Auswertungenen hat eine derartige Modellierung der Zeitdimension auch einen positiven Einfluß auf das Antwortzeitverhalten.

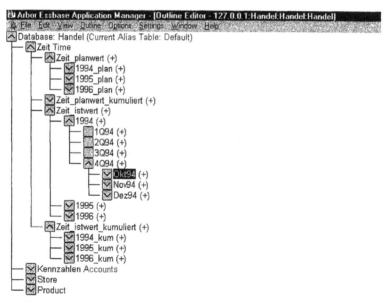

Quelle: Essbase *Outline Editor*

Grafik 49: - Zeitdimension in Essbase

Die Zeitdimension besteht aus vier parallelen Hierarchien - kumulierten Istwert, einfachen Istwert, kumulierten Planwert und einfachen Planwert. Für das Laden der Zeitdaten ist es sinnvoll, aggregierte Daten (Monatsebene) zu nutzen. Durch sehr detaillierte Daten kommt es schnell zu unübersichtlichen Berichten, die sich über viele Bildschirmseiten verbreiten.

Kennenlernen der Software

Ein Einstieg in die Software war angebracht, da keine Vorkenntnisse über das Produkt existierten.

Aus diesem Grund wurden vorab die Hauptfunktionalitäten von BusinessObjects durchexerziert, um über eine gewisse Übung zu verfügen. Letztendlich wurde das Produkt erst durch die Erfahrungen bei dem eigentlichen Umgang mit der Anwendung besser kennengelernt.

Installation vom Essbase Excel Add-In

Um das Essbase Excel Add-In installieren zu können, wurde als erstes im Microsoft Explorer die Excel Add-In Datei (EssexIn.EXE) aufgerufen. Dieser Schritt führte zur automatischen Erweiterung der Standard Microsoft Excel Anwendung um ein Essbase Menü.

Somit war die Installation erfolgreich abgeschlossen.

Zu notieren ist, daß zum weiteren Arbeiten mit dieser Anwendung der Essbase Serverprozeß laufen mußte. Aus dem Essbase Excel Add-In konnte dann über das Essbase Menü die Anwendung mit dem Serverprozeß verbunden werden.

7.8.2. Auswertungen und Berichte in BusinessObjects

Mittels Abfragen werden Auswertungen und Berichte generiert.

Wie schon erwähnt, sind die verschiedenen Softwareprodukte zur Datenpräsentation und -aufbereitung für unterschiedliche Zielgruppen prädestiniert.

BusinessObjects eignet sich sowohl für Entscheidungen mit kurzem Zeithorizont als auch für langfristige strategische Entscheidungen. Zielgruppe sind daher Analytiker, denen es auf aktuelle Daten und kurzfristige Entscheidungen ankommt, wie sie beispielsweise in den Marketingabteilungen gängig sind, und langfristig ausgerichtete Strategien.

Für die genannte Zielgruppe wurden im Rahmen des Handelsprototypen Abfragen und Auswertungen zu Promotions und Kundenfrequenzen erstellt.

Die Grafik illustriert die auf die Promotion ausgerichtete Auswertung:

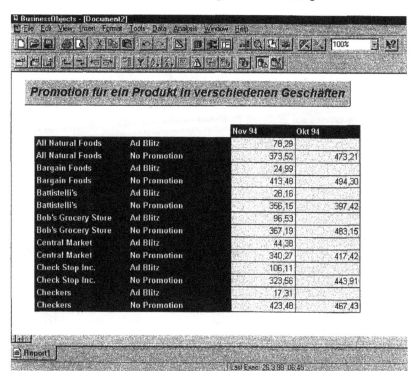

Quelle: BusinessObjects

Grafik 50: Auswertung über Nutzung Promotion

Auswertungen in Bezug auf Promotion lassen sehr vielfältige Aussagen zu. Die Grafik steht vertretend für eine Reihe interessanter Abfragen. Promotion lassen Rückschlüsse auf die Kundenfrequenz, den Umsatz, Räumungsverkäufe (von Ladenhütern) und Kundenverhalten ziehen.

Von BusinessObjects aus wurde auf den Essbase Datenwürfel zugegriffen, indem der OLAP-Würfel als zusätzliche Datenquelle installiert wurde. Nachdem die multidimensional modellierten Daten auf dieser Art und Weise bereitgestellt wurden, konnte mit den tatsächlichen Auswertungen begonnen werden. Es wurde nicht wie üblich in BusinessObjects mit Objekten, hinter denen Datenbankfelder stehen, gearbeitet, sondern mit mit Wertelisten des OLAP-Würfels. Innerhalb eines Gridfensters war die Möglichkeit gegeben, Dimensionen beliebig zu vertauschen und die *Drill Down* Funktionalität über die Hierarchien zu aktivieren. Zusätzlich existierte die Option der Aktivierung von Filter über Pull-Down Menüs.

7.8.3. Auswertungen und Berichte im Essbase Excel Add-In

Das Essbase Excel Add-In ist wie das BusinessObjects Produkt auf eine bestimmte Zielgruppe ausgerichtet.

Diese Anwendung zur Datenpräsentation und -aufbereitung wird überwiegend im Controllingbereich und in entscheidungsvorbereitenden Stabstellen eingesetzt.

Mit dem Excel Add-In wurden im Zusammenhang mit der Erstellung des Handelsprototypen zwei Abfragen bzw. Auswertungen durchgeführt und erstellt. Zum einen wurde ein Bericht mit der Ausrichtung auf die Dimensionen Umsatz und Produkt erzeugt. Hierbei wurden weiterhin die Zeitdimension und die Filialendimension eingesetzt, um den Umsatz über einen bestimmten Zeitraum für einzelne Produktgruppen aufweisen und analysieren zu können.

Zum anderen erfolgte eine Auswertung basierend auf die Dimensionen Umsatz und Region, wobei auch hier die Zeitdimension hinzugezogen wurde. Die folgende Grafik veranschaulicht einen solchen Bericht:

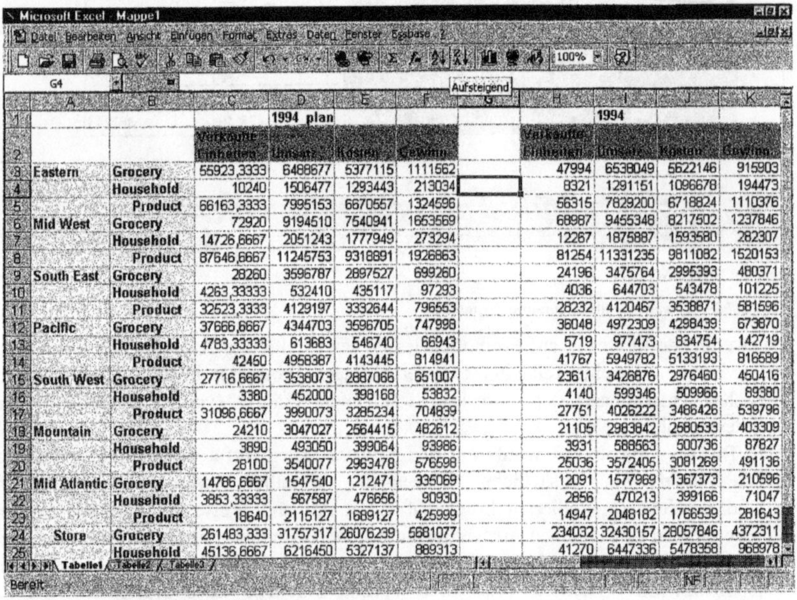

		1994 plan					1994			
		Verkaufte Einheiten	Umsatz	Kosten	Gewinn		Verkaufte Einheiten	Umsatz	Kosten	Gewinn
Eastern	Grocery	55923,3333	6488677	5377115	1111562		47994	6538049	5622146	915903
	Household	10240	1506477	1293443	213034		8321	1291151	1096678	194473
	Product	66163,3333	7995153	6670557	1324596		56315	7829200	6718824	1110376
Mid West	Grocery	72920	9194510	7540941	1653589		68987	9455348	8217502	1237846
	Household	14726,6667	2051243	1777949	273294		12267	1875887	1593580	282307
	Product	87646,6667	11245753	9318891	1926863		81254	11331235	9811082	1520153
South East	Grocery	28260	3596787	2897522	699260		24196	3475764	2995393	480371
	Household	4263,33333	532410	435117	97293		4036	644703	543478	101225
	Product	32523,3333	4129197	3332644	796553		28232	4120467	3538871	581596
Pacific	Grocery	37666,6667	4344703	3596705	747998		38048	4972309	4298439	673870
	Household	4783,33333	613683	546740	66943		5719	977473	834754	142719
	Product	42450	4958387	4143445	814941		41767	5949782	5133193	816589
South West	Grocery	27716,6667	3538073	2887066	651007		23611	3426876	2976460	450416
	Household	3380	452000	398168	53832		4140	599346	509966	89380
	Product	31096,6667	3990073	3285234	704839		27751	4026222	3486426	539796
Mountain	Grocery	24210	3047027	2564415	482612		21105	2983842	2580533	403309
	Household	3890	493050	399064	93986		3931	588563	500736	87827
	Product	28100	3540077	2963478	576598		25036	3572405	3081269	491136
Mid Atlantic	Grocery	14766,6667	1547540	1212471	335069		12091	1577969	1367373	210596
	Household	3853,33333	567587	476656	90930		2856	470213	399166	71047
	Product	18640	2115127	1689127	425999		14947	2048182	1766539	281643
Store	Grocery	261483,333	31757317	26076239	5681077		234032	32430157	26057846	4372311
	Household	45136,6667	6216450	5327137	889313		41270	6447336	5478358	968978

Quelle: Microsoft Excel mit Essbase Excel Add-In

Grafik 51: Plan-Ist-Vergleich Abfrage für Controller nach Regionen und Produkten

Die Grafik skizziert einen Plan / Ist Vergleich von Umsatz- und Gewinnzahlen für Controller, wobei der Umsatz und weitere Kennzahlen regional aufgegliedert wurden. Auf der linken Seite der Grafik werden die Regionen und Produktkategorien aufgeführt und nach diesen Dimensionen werden alle Werte in der Kreuztabelle geordnet. Weiterhin werden die Kennzahlen nach „verkauften Einheiten", „Umsatz", „Kosten" und „Gewinn" gruppiert. Die linke Zahlengruppe befindet sich unter dem Zeitattribut „1994_plan" und weist somit die Planzahlen für das Jahr 1994 auf. Auf der rechten Seite stehen die Istwerte des gleichen Jahres dieser Zahlengruppe gegenüber, so daß sich ein Vergleich sämtlicher Werte einfach nachvollziehen läßt.

Die oben genannten Auswertungen wurden anhand der unterschiedlichen Plazierungen der Dimensionen im Excel Add-In erzeugt. Mit jeder Umstellung der Kreuztabellen wurde eine neue Sichtweise der modellierten Daten gewährleistet. So konnten durch die Navigation durch die Daten mittels den gebotenen Funktionalitäten des *Drill Down* und *Roll Up* zahlreiche Berichte erstellt werden.
Zusätzlich bietet die Software die Möglichkeit, aus den tabellarischen Auswertungen grafische Darstellungen zu bilden.

Sonstige möglichen Auswertungen im Handel können mittels Scanningdaten mit Umsatzinformationen und Informationen über Bon-Inhalte, Waren- und Lieferantendaten aus Mechandising-Systemen und Kundendaten aus Kundenkreditkarten aufgrund einer Software wie sie das Excel Add-In darstellt, präsentiert und aufbereitet werden.

7.9. Präsentation des Prototypen

Die Erstellung des Handelsprototypen wurde durch zwei Präsentationen innerhalb der Abteilung abgeschlossen.

Die erste Präsentation diente zur systemtechnischen Vorführung des Prototypen für einen Mitarbeiter der Abteilung. Diese verlief online am Rechner, wobei der Aufbau des Prototypen, Vergleiche der eingesetzten Produkte und die erzielten Ergebnisse in Form von Auswertungen vorgeführt wurden.

Zur Zeit der Präsentation verwendete der betroffene Mitarbeiter im Rahmen seines Aufgabenbereiches die für den Handelsprototypen genutzte Softwarekombination bei einem Kunden. Die offizielle Übergabe erfolgte an den Mitarbeiter, da sich der mögliche Einsatz des Prototypen in seinem Umfeld anbot.

Die zweite Präsentation besaß einen betriebswirtschaftlichen Charakter und erfolgte in Anwesenheit des Abteilungsleiters.

Diese Vorführung fand mittels einer Folienpräsentation (siehe Anhang B) ohne Nutzung eines Rechners statt. Wiederum wurden die Ergebnisse des Projektes dargelegt, wobei an dieser Stelle die Konzepterläuterung und die betriebswirtschaftlichen Aspekte in den Vordergrund traten. Anschließend erfolgte die Übergabe der schriftlichen Ausarbeitung zum Prototypen (siehe Anhang C).

8. Schluß

8.1. Zusammenfassung

Entscheidungsorientierte Informationssysteme haben seit ihrem Ursprung in den frühen sechziger Jahren einen erheblichen Entwicklungssprung durchlebt.

Die selbe Technologie, die vor Jahrzehnten starre Berichte mit Hilfe von unverhältnismäßig kostenintensiven Großrechnern erzeugte, ermöglicht heutzutage die Durchführung komplexer Auswertungen und zahlreicher Ad hoc-Abfragen binnen kurzer Zeiträume auf herkömmlichen Personal Computern.

Der Fortschritt dieser Systeme hat insbesondere in den neunziger Jahren verstärkt zugenommen. Diese Gegebenheit läßt sich direkt von der zunehmenden Informationsmasse, der raschen Entwicklung der Computertechnologien und der Forderung nach Informationsbereitstellung moderner Unternehmen ableiten.

8.1.1. Kritik

Den euphorisch klingenden modernen Möglichkeiten der Hard- und Softwarenutzung steht die Umsetzung der in der Arbeit genannten Konzepte gegenüber. Eine wirklich durchgehend „saubere" Implementierung eines *EIS* ist äußerst schwer realisierbar. Obgleich die Hard- und Software und die Konzeptansätze eine außerordentlich effiziente Nutzung von *EIS* gewährleisten, zeigen sich kontinuierliche Mängel in der Umsetzung auf.

Diese Tatsache liegt sowohl an der fehlenden Begeisterung der Unternehmen, einschließlich seiner mit der Implementierung betroffenen Mitarbeiter, als auch an dem Festhalten alter, gewohnter Strukturen.

Eine Akzeptanz seitens der Endanwender wird derzeit zusätzlich durch die komplexe Bedienung der schwer verständlichen Software negativ beeinflußt. Zudem sollten die Zusammenhänge zwischen den Soft- und Hardwareprodukten bei der Implementierung eines *EIS* berücksichtigt werden. Wird eine billige, leistungsschwache Hardware verwendet, so kann das zur Folge haben, daß zu komplexe, unüberschaubare Softwareprodukte eingesetzt werden müssen. Infolgedessen wird die Akzeptanz der Endanwender bezüglich der Software vermindert und das Potential der angebotenen Funktionalitäten der Anwendungen werden nicht ausgeschöpft bzw. aufgrund mangelnder Verständnis überhaupt nicht genutzt.

Ein weiterer Kritikpunkt ist auf der einen Seite die fehlende Fähigkeit, große Datenmengen (im höheren Gigabyte Bereich) zu verarbeiten und auf der anderen die verhältnismäßig langen Antwortzeiten. Insbesondere bei extrem großen Datenmengen hat bis zu diesem Zeitpunkt die relationale Datenspeicherung keine ernsthafte Konkurrenz. Demgegenüber steht das unübertroffene Antwortzeitverhalten von multidimensionalen Konzepten.

8.1.2. Ausblick

In welchem Maße sich der Trend des *OLAP* im Zusammenhang mit *EIS* durchsetzt, ist derzeit noch offen.

Der Umgang mit großen Datenmengen und deren Speicherung ist für das Etablieren des OLAP-Ansatzes entscheidend. Die Hard- und Softwaretechnologien und das Agieren von Marktführern stellen auf die Entwicklung der Datenspeicherung einflußreiche Faktoren dar.

Die Technologien üben insofern Einfluß aus, als daß immens große Datenmengen verwaltet und gespeichert werden können. Erst durch eine optimale Lösung dieses Sachverhaltes werden sich MOLAP-Anwendungen gegenüber der relationalen Speicherungsform am Markt durchsetzen können.

Marktführer haben deswegen eine Einwirkung auf den Fortschritt der Speichertechnologie, weil sie durch ihre Machtposition vorgeben können, ob neue Ansätze auf dem Markt zugelassen, in das eigene Programm aufgenommen oder zurückgedrängt werden.

Zum Thema der Datenspeicherung ist erwähnenswert, daß auch künftig versucht wird, andersartige Lösungsansätze zu finden.

Die Trends der *EIS* prägen sich insbesondere durch die zunehmende Akzeptanz des OLAP-Konzeptes und die progressiven Forschungsrichtungen des *Data Mining* und der künstlichen Intelligenz.

Durch die anhaltenden Fortschritte der Technologie, gekoppelt mit zukunftsorientierten Trends, ist das weitgehende Etablieren der *EIS* in einem jeden erfolgreichen Unternehmen vorbestimmt.

8.2. Abschließendes Wort

Information als Wettbewerbsfaktor - die bloße Bereitstellung von relevanten Daten für Entscheidungsträger in Unternehmen in unserer Zeit ist nicht mehr ausreichend.

Von zeitgemäßen Informationssystemen wird verlangt, daß sie durch optimaler Speicherung, flexibler Modellierung und entscheidungsorientierter Auswertung der Betriebsdaten zur umfangreichen Entscheidungsunterstützung in der Wirtschaft führen.

Moderne entscheidungsorientierte Informationssysteme stellen sich dieser Herausforderung.

Das in dieser Arbeit dargelegte EIS-Konzept - die Kombination von *Data Warehouse*, *OLAP* und *BIT* - versucht diese These kraft transparenter Erläuterungen und der Darstellung von Markttrends zu unterstützen.

Anhang A - Umfrage

Umfrage Teil 1: Einleitender Brief

Siemens Nixdorf
Informationssysteme AG
ASW PS 15
z.H. S. Schoof / L. Schulze
Otto-Hahn-Ring 6
81370 München

FIRMENZENTRALE
STRAßE
PLZ ORT

München, 4. Februar 1998

Betreff: Data Warehousing unter Nutzung entscheidungsorientierter Informationssysteme

Sehr geehrte Damen und Herren,

im Rahmen einer Diplomarbeit zum Thema **Data Warehousing unter Nutzung entscheidungsorientierter Informationssysteme (EIS)** benötigen wir zur Ausarbeitung eines Konzepts über den Einsatz von EIS bei Banken / Handel branchenspezifische Auskünfte. Die SNI AG unterstützt uns in diesem Zusammenhang dahingehend, daß sie uns relevante Hard- und Software zu Verfügung stellen, sowie Ansprechpartner und Know-how vermitteln.

Mit diesem Schreiben möchten wir Sie bitten, uns bei unserem Vorhaben zu unterstützen.

Um relevante Auskünfte von Ihnen erhalten zu können, ist es notwendig, daß wir eine Umfrage an selektierte Mitarbeiter Ihres Unternehmens schicken. Ein Teil der Aufgabe dieser Mitarbeiter sollte die Analyse und Aufbereitung entscheidungsrelevanter Information beinhalten.

Nach meinen Kenntnissen kommen folgende Aufgabenträger im Bereich Banken / Handel in Betracht:

Aufgabenträger	kommt in Frage	kommt nicht in Frage
Personalleiter	Y	Y
Filialleiter	Y	Y
Leiter Marketing	Y	Y
Leiter Controller	Y	Y
weitere . . .		
_____	_____	
_____	_____	
_____	_____	

Bitte überprüfen Sie diese Angaben auf **Vollständigkeit** und **Richtigkeit** und geben Sie jeweils einen Ansprechpartner für die oben aufgelisteten Aufgabenträger an.

Beantworten Sie bitte die folgende Frage:

Welche Informationslösungen für die Entscheidungsfindung werden zur Zeit eingesetzt?

_____

_____

_____

Vielen Dank für Ihre Bemühungen.

Mit freundlichen Grüßen

....

Sven Schoof   Lothar Schulze

Umfrage Teil 2: Bereich Handel

Siemens Nixdorf
Informationssysteme AG
ASW PS 15
z.H. S. Schoof / L. Schulze
Otto-Hahn-Ring 6
81370 München

FIRMA (HANDEL)
STRAßE
PLZ ORT

München, 11. Februar 1998

Betreff: Data Warehousing unter Nutzung entscheidungsorientierter Informationssysteme

Sehr geehrte Damen und Herren,

vielen Dank für Ihr Interesse. Wie wir Ihrem Unternehmen in einem ersten Brief schilderten, benötigen wir im Rahmen einer Diplomarbeit zum Thema *Data Warehousing unter Nutzung entscheidungsorientierter Informationssysteme (EIS)* zur Ausarbeitung eines Konzepts über den Einsatz von EIS beim Handel branchenspezifische Auskünfte.
Mit diesem Schreiben möchten wir Sie bitten, uns bei unserem Vorhaben zu unterstützen.

Kurze Erläuterung:

Mit Hilfe von Kenngrößen wird versucht die reale Welt bzw. betriebswirtschaftliche Abläufe möglichst wahrheitsgetreu in einem Data Warehouse abzubilden. Kenngrößen werden durch den ihnen zugeordneten Attributen näher bestimmt. Es folgen einige Beispiele:

- Promotion (Name, Typ, Beginn, Ende, . . .)
- Filiale (Adresse, Name, . . .)
- Zeit (Jahr, Quartal, . . .)
- Produkt (Beschreibung, Typ, . . .)

Der wichtigste Aspekt sind dabei Abfragen, die zur Auswertung und Analyse der betrieblichen Daten dienen.
Ein Beispiel:

- Welcher **durchschnittliche Umsatz** konnte in der **Filiale X** für ein **Produkt Y** während des Zeitraums der **Promotion A** im Vergleich zum **Vormonat** (ohne Promotion) erzielt werden?

Welche (bedeutendsten) Abfragen, Analysen oder Auswertungen werden von Ihnen realisiert und wären mit Unterstützung von EDV Systemen von Ihnen gewünscht?

_____
_____
_____
_____
_____
_____
_____
_____

Mit freundlichen Grüßen

....
Sven Schoof   Lothar Schulze

Umfrage Teil 2: Bereich Banken

Siemens Nixdorf
Informationssysteme AG
ASW PS 15
z.H. S. Schoof / L. Schulze
Otto-Hahn-Ring 6
81370 München

FIRMA (BANKEN)
STRAßE
PLZ ORT

München, 11. Februar 1998

Betreff: Data Warehousing unter Nutzung entscheidungsorientierter Informationssysteme

Sehr geehrte Damen und Herren,

vielen Dank für Ihr Interesse. Wie wir Ihrem Unternehmen in einem ersten Brief schilderten, benötigen wir im Rahmen einer Diplomarbeit zum Thema *Data Warehousing unter Nutzung entscheidungsorientierter Informationssysteme (EIS)* zur Ausarbeitung eines Konzepts über den Einsatz von EIS bei Banken branchenspezifische Auskünfte.
Mit diesem Schreiben möchten wir Sie bitten, uns bei unserem Vorhaben zu unterstützen.

Kurze Erläuterung:

Mit Hilfe von Kenngrößen wird versucht die reale Welt bzw. betriebswirtschaftliche Abläufe möglichst wahrheitsgetreu in einem Data Warehouse abzubilden. Kenngrößen werden durch den ihnen zugeordneten Attributen näher bestimmt. Es folgen einige Beispiele:

- Konto (Adresse, Kontonummer, Eröffnungsdatum, . . .)
- Filiale (Adresse, Name, . . .)
- Zeit (Jahr, Quartal, . . .)
- Produkt (Beschreibung, Typ, . . .)

Der wichtigste Aspekt sind dabei Abfragen, die zur Auswertung und Analyse der betrieblichen Daten dienen.
Ein Beispiel:

- Welchen **durchschnittlichen Kontostand** hatten die **Giro-Konten** in der **Region „Süd"** für das **erste Quartal 1997?**

Welche (bedeutendsten) Abfragen, Analysen oder Auswertungen werden von Ihnen realisiert und wären mit Unterstützung von EDV Systemen von Ihnen gewünscht?

_____

_____

_____

_____

_____

_____

_____

_____

_____

_____

Mit freundlichen Grüßen

. . . .
     Sven Schoof   Lothar Schulze

Anhang B - Präsentationsunterlagen

Konzept für die Erstellung der Prototypen

	Einzelhandel	Banken
Datenspeicherung (Datenbasis)	relationale DB (Kimball)	relationale DB (Kimball)
Datenmodellierung multidimensionale Sichten (OLAP)	ESSBASE (Arbor Software) (Kimball) MOLAP	STARTRACKER ROLAP
Datenpräsentation (BIT)	ESSBASE (Excel Add-in) BUSINESSOBJECTS BUSINESS OBJECTS (Platinum) Forest & Trees (Platinum)	Forest & Trees

Zu realisierende Abfragen

Flächenbewirtschaftung

Filiale

        Raumflächen

        Regalflächen

Produkt

Zeit

Kennzahlen

        Umsatz/qm

. . .

Benchmarking Region

Region

Zeit

Kennzahlen

        Plan Umsatz

        Ist Umsatz

        Gewinn

. . .

Renner / Penner

Filiale

        Bonanalyse

        Kundenanzahl

Produkt

Zeit

Kennzahlen

. . .

Kundenfrequenz

Promotion

Bonanalysedaten

Produkt

Zeit

. . .

Kreierte Dimensionen

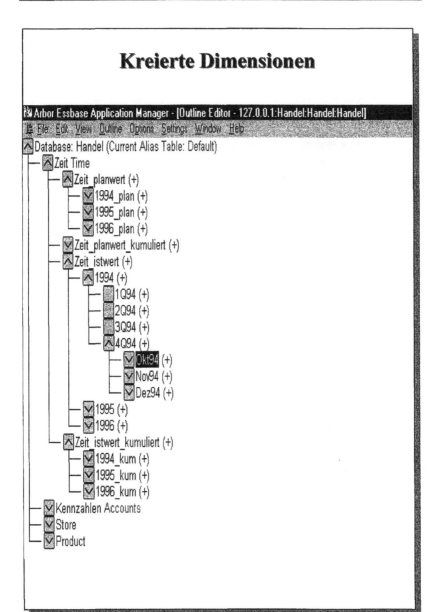

Excel Add-In

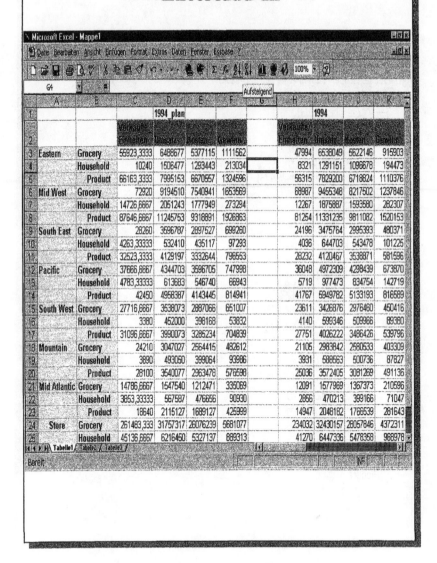

Anhang C - Begleitschreiben zum Prototypen

Begleitschreiben zum Prototypen

Auswahl der Software

ESSBASE

Das Produkt Essbase 5.0 der Firma Arbor Software wurde ausgewählt, da diese Software die Funktionsebene der Datenmodellierung und der multidimensionalen Aufbereitung von Daten gewährleistet.

Der Application Manager von Essbase bietet umfassende Möglichkeiten zur Modellierung von Datenstrukturen. Dazu zählen der Import von Daten aus verschiedensten Datenquellen und die Verwaltung der Datenbankinhalte. Ferner ist die Automatisation der Aktualisierung der Daten sichergestellt, so daß die getätigten Veränderungen der Datenbasis keinen weiteren Arbeitsaufwand ergaben.

Essbase enthält mit dem Outline Editor ein spezielles Werkzeug, mit dessen Hilfe die Datenstrukturen leicht modelliert werden können. Diese Komponente stellt ein komfortables und effizientes Werkzeug zur Datenmodellierung dar, was sich u.a. durch die diversen Möglichkeiten der Darstellung der Beziehungen zwischen den Hierarchiemitgliedern auszeichnet.

Betont werden soll, daß die Möglichkeit bestand, mit der neusten Version Essbase Version 5.0 zu arbeiten, da diese zur Zeit des Schreibens der Diplomarbeit innerhalb der Abteilung getestet wurde. Die Version 5.0 besitzt die Fähigkeit sehr große Datenvolumen zu modellieren und ist zusätzlich eines der fortgeschrittensten EIS-Produkte auf dem Markt.

BusinessObjects

Vorteilhaft ist, daß nicht alle der Funktionalitäten des Produktes verwendet oder sogar eingekauft werden müssen. So wie das Produkt für diesen Prototypen in erster Linie verwendet wurde, war es ausreichend nur die „Report-Funktion" zu nutzen.

Die Fähigkeit der Navigation durch BusinessObjects selbst ist dadurch nicht mehr gegeben, wird aber in vollem Umfang von der Essbase Software erfüllt und dementsprechend von BusinessObjects übernommen.

Einen weiteren Fürspruch bekam die Software aufgrund ihrer einfachen Handhabung. Datenmodelle werden leicht und übersichtlich präsentiert, die Erstellung von Berichten und Ad hoc-Abfragen ist schnell zu erlernen und gut gelöst.

Essbase Excel Add-In

Der Hauptgrund für die Entscheidung das Essbase Excel Add-In zu verwenden, lag in der praktischen Erfahrung, daß eine große Anzahl von Mitarbeitern mit Microsoft Excel vertraut sind. Die Nutzung des Add-Ins stellt somit keine großen Veränderungen hinsichtlich der Arbeitsoberfläche dar. Dementsprechend kann es nur vorteilhaft sein, die Möglichkeit der Auswertungen über das Microsoft Excel Produkt sicherzustellen.

Sind eventuelle Kunden nicht daran interessiert, Präsentationswerkzeuge wie BusinessObjects zu verwenden, wie es das Konzept des während der Diplomarbeit erstellten Prototypen vorsieht, gibt es keine andere Variante, als das kostengünstige Add-In zu nutzen.

Vorgehensweise zum Einsatz der Software

Aufsetzen von Essbase auf die Datenbasis

Dieser Schritt umfaßte das Aufsetzen von Essbase 5.0 auf die vorliegende Datenbasis, wobei die entsprechenden Daten in die Essbase Anwendung geladen wurden.

Grundvoraussetzung um mit Essbase und allen darauf basierenden Anwendungen zu arbeiten, ist daß der Serverprozeß laufen muß. Dieser Prozeß steuert, kontrolliert und protokolliert sämtliche Aktivitäten und Zugriffe auf die Essbase Software und die dazugehörige Hardware. Der Serverprozeß kann sowohl den Server als auch den *Client* als Hardware nutzen.

Essbase liest die externe Datenquelle, falls diese ein für Essbase gültiges Format besitzt. Es besteht die Möglichkeit des dynamischen Ladens von Daten. Essbase manipuliert diese Daten insofern, daß sie an die Essbase Datenbank angepaßt sind. Anschließend werden die geladenen Daten in der multidimensionalen Datenbank gespeichert.

Es ist zu beachten, daß beim Ladeprozeß der Daten die von Essbase verfügbaren Schnittstellen berücksichtigt werden mußten.

- Im Verlauf des Ladevorgangs von Daten läßt Essbase 5.0 folgende Datenformate zu:

- Microsoft Excel Dateien mit der .XLS Erweiterung, Version 4.0 und höher,

- Lotus 1-2-3 Dateien mit der .WKS, .WK1, .WK3 oder .WK4 Erweiterung,

- Tabellenkalkulation log Dateien,

- ASCII Text Dateien aus ASCII Datensicherungen oder externen Quellen,

- Essbase Export Dateien und

- *SQL* Datenquellen.

Aufgrund des Formates der Datenbasis (Microsoft Access Datei) trat die erste Problematik dieses Prozesses auf. Das Format der Datenbasis entsprach keinen der von Essbase vorgegebenen, gültigen Datenformate. Zwei mögliche Lösungen stellten sich heraus: auf der einen Seite konnte eine neue, derzeit nicht verfügbare Schnittstelle programmiert werden, auf der anderen Seite bestand die Möglichkeit, das Format der Datenbasis an die Vorgaben von Essbase anzupassen. Obwohl die Programmierung mittels einer Standard *SQL* Schnittstelle möglich gewesen wäre, wurde durch die betriebswirtschaftliche Ausrichtung dieser Arbeit auf die Programmierung verzichtet.

Die Datenbasis wurde an ein gültiges Format angepaßt - die Microsoft Access Datei wurde in eine ASCII Textdatei umgestaltet. Ursprünglich war die Umwandlung der Datenbasis in ein Microsoft Excel Format geplant, jedoch erwies sich dieses angestrebte Format vom Umfang als zu begrenzt. Die Höchstgrenze der abzubildenden Datensätze beträgt bei Microsoft Excel ca. 16.000, während die zu verwendende Datenbasis einige Tabellen umfaßte, die mit ihren Datensätzen diese Grenze weit überschritten.

Erstellen der physikalischen multidimensionalen Datenwürfel

Einer der ersten logischen Schritte für die Erstellung eines Datenwürfels war die Gestaltung der Dimensionen.

Die erste Fragestellungen in puncto Dimensionsgestaltung war, ob die Dimensionen dynamisch oder statisch angelegt werden sollten. Da der Prototyp so flexibel wie möglich sein sollte und im Vorfeld bereits Änderungen an der Datenbasis vorgenommen wurden (was eine Änderung im Nachhinein nicht ausschließt), wurde die Frage wie folgt beantwortet:

Alle in die Dimensionen eingehenden Daten sollen einer automatischen Aktualisierung (Dynamik) unterliegen. Um dieser Forderung nachzukommen, war es nötig im *Data Prep Editor*, der über den Essbase *Application Manager* aufgerufen wird, sogenannte *rules files* anzulegen. Wichtigstes Kriterium der Nutzung der *rules files* war das eigentliche Laden der Daten. Somit wurde die manuelle Eingabe dieser umgangen.

Diese *rules files* dienen der Software zur Beschreibung auf welche Art und Weise die Daten für die Modellierung geladen werden und welchen Regeln sie dabei unterliegen. Zu beachten ist, daß für jede Dimension ein eigenes *rules file* angelegt werden muß. Es gibt eine Reihe verschiedener Regeln, die angewandt wurden, um die Daten in eine Form zu bringen, so daß mit ihnen innerhalb des *Data Prep Editors* und der gesamten Essbase Software gearbeitet werden konnte. Um aber diese Regel zu bestimmen, mußte als erstes eine entsprechende Datei in den *Data Prep Editor* geladen werden.

Ein Teil dieser Regeln bezieht sich auf die Formatierungen der Daten. Um diese vorzunehmen, ist es wichtig zu wissen, daß Änderungen der Formate nur für sämtliche Daten einer Gruppe möglich sind. Unter Datengruppe werden die gesamten Daten einer Spalte verstanden.

Ist es nicht erforderlich die Daten dynamisch zu laden, können die Dimension auch manuell im *Outline Editor* erstellt werden. Der *Outline Editor* wird aus dem Essbase *Application Manager* aufgerufen.

Nach dem die Regeln für ein automatisches Aktualisieren der Daten hinsichtlich des Ladevorgangs und der Formatierung in der eben beschriebenen Weise aufgestellt wurden, soll nun der zweite Teil der notwendigen Regeln, die ebenfalls in den *rules files* gespeichert werden, beschrieben werden. Hierbei handelt es sich um das tatsächliche Kreieren der Dimensionen, das Wissen über die Abfragen und der betriebswirtschaftlichen Logik dahinter ist an dieser Stelle unentbehrlich. Dieser Prozeß wird ebenso vom *Data Prep Editor* abgedeckt.

Hauptaugenmerk liegt in der richtigen Zusammenstellung der Attribute innerhalb einer Dimension. Wie schon erwähnt, wird jede Dimension in einem eigenen *rules file* erstellt. Alle globalen Eigenschaften der Dimension sowie die spezifischen Kennzeichen der Attribute werden durch verschiedene Arbeitsschritte im *Data Prep Editor* festgelegt. Die grundlegenden Merkmale, die für eine Dimension und deren Attribute bedeutsam sind, werden anschließend kurz charakterisiert:

Im einem ersten Schritt muß ein eindeutiger Name der Dimension festgelegt werden. Dies geschieht im Dateimenü „Options" unter den Befehl „Dimension Build Settings...". Hier werden auch alle weiteren globalen Merkmale der Dimension festgelegt. So muß die Bildungsvorschrift, die auf die spätere Anordnung der Attribute direkte Auswirkungen hat, bestimmt werden.

Für die Attribute müssen im einzelnen Namen vergeben werden. Gleichzeit wird eine logische Reihenfolge bestimmt, die abhängig von der Bildungsvorschrift ist. Sind in der im *Data Prep Editor* geladenen Datei Datengruppen vorhanden, die nicht für die Bildung der Dimension erforderlich sind, so können die betroffenen Spalten ausgeblendet werden. Die Datengruppen erhalten die Eigenschaft „Ignore field during dataload". Dieser, wie auch die beiden vorherigen Arbeitsschritte, werden über das Dialogfeld „Field Attributes" ausgeführt. Der Befehl „Attributes..." im Pulldown-Menü „Field" öffnet dieses Dialogfeld.

Nachdem sämtliche *rules files* für die Dimensionen gebildet wurden, werden die Dimensionen automatisch von Essbase generiert. Beim Öffnen des *Outline Editors* werden sie anschließend grafisch umgesetzt und hierarchisch dargestellt.Anhand der oben aufgeführten Schritte wurden Datenwürfel generiert und physikalisch gespeichert.

Zu diesem Zeitpunkt hatte der *Application Manager* seine Aufgabe erfüllt. Die modellierten Daten konnten nun mit den ausgewählten *BITs* in Form von Berichten und Auswertungen analysiert und präsentiert werden.

Aufsetzen von BusinessObjects auf Essbase

Voraussetzung für das Aufsetzen von BusinessObjects auf den bzw. die Datenwürfel von Essbase war, daß die Version 4.1 (neuste Version) von BusinessObjects eingesetzt wurde.

In BusinessObjects 4.1 wurde der Zugriff auf den OLAP-Würfel von Essbase in Form einer zusätzlichen Datenquelle installiert. Beim Erstellen eines neuen Berichts war bei der Auswahl der Universen (eine geschäftsorientierte Zusammenstellung der in Datenbanken gefundenen Datenstrukturen) die Option vorhanden, auf „OLAP Essbase" zuzugreifen. Wurde diese Option gewählt, so mußte als nächster Schritt der Essbase Server angemeldet werden.

Obgleich das BusinessObjects Produkt die Funktionalität besitzt, Daten multidimensional zu modellieren, wurde diese Eigenschaft bei der Erstellung des Handelsprototypen zugunsten der Modellierungsfähigkeit von Essbase vernachlässigt bzw. nicht genutzt. Der Hauptgrund hierfür lag in der unzureichenden Darstellung der Zeitdimension in BusinessObjects. Um mit dieser Software beispielsweise ein Vergleich zwischen Ist- und Planwerten durchzuführen, waren mehrere Abfragen erforderlich. Im Gegensatz dazu konnte die Zeitdimension in Essbase schon bei der Datenmodellierung mit der erwünschten Struktur so erstellt werden, daß spätere Vergleiche keine mehrfachen Abfragen erforderten. Neben der besseren Übersichtlichkeit und der leichteren Erstellung von Auswertungenen hat eine derartige Modellierung der Zeitdimension auch einen positiven Einfluß auf das Antwortzeitverhalten.

Von BusinessObjects aus wurde auf den Essbase Datenwürfel zugegriffen, indem der OLAP-Würfel als zusätzliche Datenquelle installiert wurde. Nachdem die multidimensional modellierten Daten auf dieser Art und Weise bereitgestellt wurden, konnte mit den tatsächlichen Auswertungen begonnen werden. Es wurde nicht wie üblich in BusinessObjects mit Objekten, hinter denen Datenbankfelder stehen, gearbeitet, sondern mit Wertelisten des OLAP-Würfels. Innerhalb eines Gridfensters war die Möglichkeit gegeben, Dimensionen beliebig zu vertauschen und die *Drill Down* Funktionalität über die Hierarchien zu aktivieren. Zusätzlich existierte die Option der Aktivierung von Filter über Pull-Down Menüs.Mit dem Excel Add-In wurden im Zusammenhang mit der Erstellung des Handelsprototypen zwei Abfragen bzw. Auswertungen durchgeführt und erstellt. Zum einen wurde ein Bericht mit der Ausrichtung auf die Dimensionen Umsatz und Produkt erzeugt. Hierbei wurden weiterhin die Zeitdimension und die Filialendimension eingesetzt, um den Umsatz über einen bestimmten Zeitraum für einzelne Produktgruppen aufweisen und analysieren zu können.

Aufgetretene Probleme beim Umgang mit der Software

Datenbasis

Aufgrund des Formates der Datenbasis (Microsoft Access Datei) trat die erste Problematik des Ladeprozesses auf. Das Format der Datenbasis entsprach keinen der von Essbase vorgegebenen, gültigen Datenformate. Zwei mögliche Lösungen stellten sich heraus: auf der einen Seite könnte eine neue, derzeit nicht verfügbare Schnittstelle programmiert werden, auf der anderen Seite bestand die Möglichkeit, das Format der Datenbasis an die Vorgaben von Essbase anzupassen. Obwohl die Programmierung mittels einer Standard *SQL* Schnittstelle möglich gewesen wäre, wurde durch die betriebswirtschaftliche Ausrichtung dieser Arbeit auf die Programmierung verzichtet.

Essbase

Um die Daten „Essbase gerecht" zu formatieren, wurden bestimmte Datengruppen mit Suffixe und Präfixe versehen. Weiterhin wurden ganze Spalten zusammengeführt oder aufgesplittet. Eine Aufsplittung wird jeweils ab einer bestimmten Zeichenposition vorgenommen. Das Bereinigen der Datenformate war in diesem Arbeitsschritt mit den größten Problemen behaftet. Es wurden beispielsweise Formate wie die des Datums nicht erkannt. Zur Lösung solcher und ähnlicher Probleme mußten die Datenquellen untersucht und gegebenenfalls modifiziert werden, bis das erwünschte Datenformat im *Data Prep Editor* erschien.

Zudem ergaben sich beim dynamischen Laden der Daten erhebliche Speicherplatzprobleme. Der virtuelle Arbeitsspeicher des verwendeten *Clients* war nicht ausreichend, obwohl dieser bereits durch eine Auslagerungsdatei von mehreren 50 Megabyte erhöht wurde.

Anzumerken ist, daß neben einigen kleineren Schwierigkeiten bezüglich der Erkennung von Formaten usw. ein größeres Problem auftrat, daß immer wieder zu zusätzlichem Arbeitsaufwand führte. Das Hauptproblem konnte nicht behoben werden, da es aus der Logik und Konstellation der Software resultiert. Es besteht darin, daß alle Mitglieder eines Attributes über alle Attribute einer Dimension und über alle Dimension des Datenwürfels hinweg eindeutig sein müssen. Da im Handelsprototypen sehr viele Mitglieder innerhalb einzelner Attribute existieren, fiel diese Eigenschaft der Software sehr störend auf, da unverständliche Namensbezeichnungen wie „199 Main Street_New York" oder „t_109_12" entstanden. Dies hatte zur Folge, daß die selben Mietglieder verschiedener Attribute und verschiedener Dimensionen einen anderen Namen bekamen und redundant gespeichert werden mußten. So kam es dazu, daß der Kunde einer Bank in Essbase drei Adressen enthielt, da das Mitglied „Adresse" des Kunden X in drei Dimension enthalten ist.

Abbildungsverzeichnis

Tabellenverzeichnis

Literaturverzeichnis

Arbor Sofware Corporation   ESSBASE Application Manager User's Guide
                                   Sunnyvale : Arbor Sofware Corporation; 1997

Arbor Sofware Corporation   ESSBASE Fundamentals - Workbook
                                   USA : Arbor Sofware Corporation; 1997

Arbor Sofware Corporation   ESSBASE Fundamentals
                                   USA : Arbor Sofware Corporation; 1997

Arbor Sofware Corporation   ESSBASE User's Guide for Excel
                                   Sunnyvale : Arbor Sofware Corporation; 1997

Behme, Schimmelpfeng (Hrsg.)   Führungsinformationssysteme
                                   Wiesbaden : Lengericher Handelsdruckerei; 1993

Born   Alle wühlen mit. Großes Geschäft mit geordneten
                                   Daten.
                                   In: iX o. Nr. 4; S. 130 - 133; 1996

Business Objects   BusinessObjects Designerhandbuch (2. Auflage)
                                   Frankreich : Business Objects; 1996

Codd   The Relational Model for Database Management
                                   USA : Addison - Wesley Publishing Company, Inc.;
                                   1990

Codd, Salley   Providing OLAP (On-Line Analytical Processing) to
                                   User-Analysts
                                   In: An IT Mandate; 1993

GIGA Information Group   Expertise der GIGA Information Group – Parallele
                                   Systeme für Data Warehousing Anwendungen;1996

Hackney   The Seven Deadly Sins of Data Warehousing
                                   Addison Wesley Longman;1997

Hagerborn, Bissantz, Mertens   Data Mining (Datenmustererkennung): Stand der
                                   Forschung und Entwicklung
                                   In: Wirtschaftsinformatik Nr.6; S. 601 - 612; 1997

Hannig, Uwe   Data Warehouse und
                                   Managementinformationssysteme
                                   Stuttgart : Schäffer-Poeschel Verlag; 1996

Hansen   Auf dem Weg zum Warehouse
                                   In: PC Magazin Nr. 44; S. 25 - 27; 1996

Hichert, Moritz   Management Informationssysteme : Praktische Anwendung
Konstanz : Springer-Verlag; 1992

Internet_arborsoft   The Role of the OLAP Server in a Data Warehousing Solution
http://www.arborsoft.com/essbase/wht_ppr/olapdw.html; 1998

Internet_corvu   Business Insight Beyond OLAP
http://www.corvu.com/papers/hurwitz.html; 1997

Internet_datamation   Think Outside the OLAP Box
http://www.datamation.com/PlugIn/issues/1996/april15/04beval1.html; 1996

Internet_olapreport   Market share analysis
http://www.olapreport.com/Market.htm; 1998

Internet_sgroves   OLAP: The Pancea for the Ills of Managment Information Systems?
http://www.sgroves.demon.co.uk/justolap.html; 1997

Kelly   Data Warehousing - The Route to Mass Customisation
Chichester : John Wiley & Sons Ltd; 1994

Kimball, Ralph   The Data Warehouse Toolkit
USA : John Wiley & Sons Ltd; 1996

Lochte-Holtgreve   Planungshilfe für das Management.
In: Business Computing; S. 24

Mucksch (Hrsg.)   ONLINE'97. Internat. Congresse Bd.20 Tutorialband E: Das Data Warehouse - Konzept
Hamburg : ONLINE; 1997

Mucksch, Behme (Hrsg.)   Das Data Warehouse Konzept (2. Auflage)
Wiesbaden : Gabler; 1997

Nußdorfer (Hrsg.)   ONLINE'97. Internat. Congresse Bd.20 Tutorialband F: Datenbanken im Data Warehouse
Hamburg : ONLINE; 1997

Picot, Franck   Die Planung der Unternehmensressource Information I
In: WISU Nr. 10; S. 544 - 549; 1988

Rebernik   Speicher in verteilten Umgebungen verwalten
In: Online Nr. 10; S. 86 - 88; 1996

Reckert, Hattwig   Aus Daten werden Informationen
                                    In: Online Nr. 10; S. 62 - 66; 1996

Reckert, Hattwig   Immer Prozeßcharakter
                                    In: Online Nr. 10; S. 58 - 61; 1996

Reckert, Hattwig   Kaufhausrausch
                                    In: Online Nr. 10; S. 50 - 54; 1996

Reckert, Hattwig   Neue Dimension für die Datenanalyse
                                    In: Online Nr. 10; S. 46 - 48; 1996

Reiter, Mann (Hrsg.)   Informationssysteme als Schlüssel zur
                                    Unternehmensführung; Proceedings des 3. Konstanzer
                                    Informationswissenschaftlichen Kolloquiums
                                    Konstanz : Universitätsverlag Konstanz GmbH; 1997

Schinzer, Bange, Wehner, Zeile   Management mit Maus und Monitor
                                    München : Verlag Vahlen; 1997

Schmitt   Buchführung der Datenbankbankiers. Der Stand der
                                    Dinge bei PC-SQL-Servern
                                    In: C't Nr. 6; S. 156 – 166; 1995

Tiemeyer, Zsifkovitis   Information als Führungsmittel
                                    München : Computerwoche Verlag GmbH; 1995

Vakily   Informationstour im Data Warehouse
                                    In: PC Magazin Nr. 44; S. 34 - 35; 1996

Zinke   Data Warehouse - Skript zum Folienvortrag
                                    Dießen a. Ammersee; 1996

Glossar

Nachstehend werden in alphabetischer Reihenfolge die in der Diplomarbeit verwendeten Abkürzungen, Fachausdrücke und englische Begriffe erläutert.

API
~ (Application Programming Interface) stellt eine Programmier Schnittstelle dar.

Application Manager
Mit dem ~ kann der Anwender der Essbase 5.0 Software Essbase Applikationen kreieren und pflegen.

Archivierungssystem
Im Rahmen des Verdichtungsprozesses der Daten im ➔ **Data Warehouse** übernimmt das ~ auf der einen Seite die Funktionalität der Datensicherheit und -archivierung (der Umfang der Datensicherungsfunktion sollte in Abhängigkeit der verwendeten Hardware bestimmt werden). Auf der anderen Seite ist das ~ für die Bereitstellung der Produktivität (durch sofortiges Auffinden notwendiger Informationen) und der benötigten Speicherkapazität verantwortlich.

Array
Ein ~ ist eine geordnete Struktur, die individuell zugängliche Elemente beinhaltet, auf denen anhand Nummern verwiesen wird. ~s werden eingesetzt, um Tabellen oder verwandte Datensätze zu speichern.

Backend
Ein ~ ist eine beliebige Software, die entweder die letzte Phase eines Prozesses oder eine dem Benutzer nicht sichtliche Aufgabe ausführt. Üblicherweise kommt diese Funktion bei einem Compiler vor. Das ~ eines Compilers generiert Maschinensprache und führt für die Maschinenarchitektur spezifische Optimierungen durch. Der Ausdruck ~ kann auch im Zusammenhang mit Netzwerkanwendungen verwendet werden.

BIT
~ (Business Intelligence Tool) ist ein ➔ **Frontend**, welches im Rahmen eines ➔ **EIS** auf einer ➔ **OLAP**-Lösung aufgesetzt wird und lediglich zur Präsentation der entscheidungsorientiert analysierten Daten für den Endanwender dient.

Bridging
~ stellt den Vorgang dar, wobei der Datenverkehr zwischen Netzwerksegmenten übertragen wird.

Client- / Server-Architektur
Ein insbesondere in Firmen eingesetztes Netzwerk von leistungsfähigen Personalcomputern, in dem ein

Rechner die Rolle des zentralen Servers übernimmt. Er stellt den angeschlossenen ➔ **Clients** die jeweils benötigten aktuellen Programmversionen und Daten zur Verfügung und übernimmt für diese die kontinuierliche Datensicherung.

Client

Der ~ ist der ~ Teil einer ➔ **Client- / Server- Architektur**. Typischerweise ist ein ~ eine Anwendung, die auf einem Personalcomputer läuft und auf ein Server angewiesen ist, um bestimmte Operationen durchzuführen.

COBOL

~ (COmmon Business Oriented Language) ist eine Programmiersprache für simple Berechnungen bei großen Datenmengen und wurde von dem CODASYL Komitee im April 1960 entworfen. ~ ist heutzutage die am meisten eingesetzte Programmiersprache. Der natürliche Stil der Sprache ist dafür bestimmt, um großenteils sich selbst zu dokumentieren. ~ hat zudem die Datensatzstruktur eingeführt.

Data Dictionary

Ein ~ ist eine Reihe von Datenbeschreibungen, welche von verschiedenen Anwendungen gemeinsam genutzt werden können. Diese Daten stehen in der ~ Datei, welche auch ➔ **Information Directory** oder Repository genannt wird.

Data Mart

~s sind kleinere, spezielle ➔ **Data Warehouse** für bestimmte themenbezogene Datensammlungen. Einzelnen Abteilungen kann so beispielsweise ein spezifischer Datenbestand für Analysen vorgehalten werden. ➔ **Data Warehouse** Projekte beginnen oft mit ~s auf Abteilungsebene.

Data Mining

Als ~, auch Datenmustererkennung genannt, bezeichnet man die Suche nach noch unbekannten Zusammenhängen in Unternehmensdaten für die Lösung von Geschäftsproblemen. Diese kann toolgestützt, aber gewöhnlich nicht völlig automatisiert erfolgen. Das Forschungsziel der Datenmuster-erkennung sind allgemein verwendbare, effiziente Methoden, die autonom aus großen Datenmengen die bedeutsamsten und aussagekräftigsten Muster identifizieren und sie dem Endanwender als interessantes Wissen präsentieren.

Data Prep Editor

Der ~ wird verwendet um in Essbase 5.0 die ➔ **rules files** zu definieren.

Data Warehouse	Ein ~ speichert die Geschäftsdaten eines Unternehmens in einer einzelnen integrierten relationalen Datenbank. Diese bietet eine historische Sicht auf Informationen für Entscheidungsfindungsanwendungen und Auswertung von Geschäftsdaten. Eine effiziente ~ -Umgebung wandelt Betriebsdaten so um, daß der Endanwender leicht auf die Daten zugreifen und sie analysieren kann.
Data Warehouse Managementsoftware	~ ist ein Oberbegriff für einzelne Systeme und Werkzeuge, welche unmittelbar in Zusammenhang mit dem ➔ **Data Warehouse** stehen. Sie setzt sich aus dem ➔ **Data Warehouse Managementsystem** sowie Extraktions- und Transformationswerkzeugen zusammen.
Data Warehouse Managementsystem	➔ **DBMS**
Data Warehouse-Manager	Bei einem ~ handelt es sich um Programme und Techniken, welche Daten bzw. Datenextrakte transparent für den Benutzer in bestimmten vorher festgelegten Zeitintervallen von der Quellumgebung in die Zielumgebung überführen sollen. Der ~ ist somit der Koordinator und Administrator der ➔ **Data Warehouse**-Umgebung. Er muß weiterhin die Pflege und Nutzung von ➔ **Metadaten** übernehmen.
DBMS	~ steht für ➔ **Datenbankmanagementsystem** und wird in dieser Arbeit synonym mit dem Begriff ➔ **Data Warehouse Managementsystem** verwendet. Ein ~ hat die Aufgabe der zentralen Organisation der Verwaltung des Datenbestandes zwischen Betriebssystem und Anwendung, des weiteren stellt es die Funktionalität für die Datendefinition, Datenbeschreibung und den Datenzugriff zur Verfügung.
Desktop	➔ **Client**
Dice	~ stellt die von ➔ **OLAP** angebotene Möglichkeit, den Datenpool oder Datenwürfel von verschiedenen Seiten betrachten zu können. So erhält der Anwender durch „drehen", „kippen" oder „würfeln" jeweils eine neue Perspektive der Daten.
DIS	(dispositive Informationssysteme) ➔ **EIS**

DOLAP   ~ (Desktop-OLAP) sind Systeme basierend auf der ➔
                          OLAP-Technologie, dessen Hauptmerkmal die von
                          ihnen geleistete Mobilität ist, wobei sie auf nur einen
                          Anwender begrenzt sind und ihnen zudem die
                          Fähigkeit fehlt, große Datenvolumen handhaben zu
                          können.

Down-Flow   ~ beschreibt das Herabsetzen von Prioritäten selten
                          benötigter Informationen bzw. das Löschen nicht
                          benötigter Informationen. Der ~ ist ein typischer
                          Datenfluß bei Kontrollaufgaben, welche ein Dienst
                          innerhalb eines ➔ **DBMS** sind.

Drill Down   ~ stellt eine von ➔ **OLAP** gewährleistete
                          Basisfunktionalität zur Datennavigation dar. Anhand
                          dieser Funktion ist es für den Anwender möglich, von
                          verdichteten zu geringer verdichteten Daten zu
                          navigieren.

Drill Through   ~ stellt eine von ➔ **OLAP** gewährleistete
                          Basisfunktionalität zur Datennavigation dar. Anhand
                          dieser Funktion ist es für den Anwender möglich, bei
                          einem beliebig gewählten Schnitt durch den
                          Datenwürfel auch die benachbarten
                          Dimensionselemente zu betrachten.

DSS   (Decision Support System) ➔ **EUS**

DV   Datenverarbeitung

DWMS   1. Data Warehouse Managementsystem (➔ **DBMS**)

                          2. ➔ **Data Warehouse Managementsoftware**

EBIS   European Business Information System

EDP   ~ (Elementary Data Processing) ist eine
                          Basisdatenverarbeitung, welche Sachbearbeiter bei
                          ihrer täglichen Arbeit, wie Auftragserfassung,
                          Bestellabwicklung, Finanzbuchhaltung etc.
                          unterstützt.

EIS
~ (entscheidungsorientierte Informationssysteme) sind Systeme, welche sich aus Werkzeugen zur Selektion und Speicherung entscheidungsrelevanter Daten (➔ **Data Warehouse**), Informationsmodellierung und multidimensionale Sicht(➔ **OLAP**) und Analyse und Präsentation der entscheidungsorientierten Informationsbasis (➔ **BIT**) zusammen setzt.

Entity-Relationship Modell
Die statischen Relationen zwischen Objekten bzw. Entitäten können durch das ~ beschrieben werden. Ursprünglich wurde diese Methode für den Datenbankentwurf entwickelt, heute wird sie aber auch in der Definitionsphase für Systeme mit komplexen Daten und Datenbeziehungen eingesetzt. Im ~ werden die für ein zu entwickelndes System relevanten Objekte bzw. Entitäten, ihre Attribute sowie die Beziehungen bzw. Relationen zwischen den Objekten beschrieben. Das ~ bildet eine gute Basis für die Realisierung durch relationale Datenbanken.

EUS
Ein ~ (Entscheidungsunterstützungssystem) ist ein in den siebziger Jahren entwickelter Ansatz zur Entscheidungsunterstützung, der im Gegensatz zu ➔ **MIS** zukunftsorientierte Daten bereitstellte sowie interaktiver und benutzerfreundlicher wurde.

Extended
erweitert

FASMI
~ (Fast Analysis of Shared Multidimensional Information) ist ein von Pendse und Creeth entwickelter, neutraler Ansatz, um die Anforderungen an ➔ **OLAP** in fünf Schlüsselworten zu definieren.

Fat Client Architektur
Eine ~ ist ein Architekturschema, bei der der größte Teil der Anwendungen auf dem ➔ **Client** und nicht auf dem Server laufen.

Fat Client
➔ **Fat Client Architektur**

Fault-Tolerant-Maschinen
~ stellen die Fähigkeit eines Systems oder einer Komponente dar, normale Operationen trotz der Präsenz von Hard- oder Software Fehlern kontinuierlich durchzuführen. Diese Funktionalität besitzt einen gewissen Grad der Redundanz.

FIS / EIS
~ (Führungsinformationssysteme / Executive Information Systems) sind in den achtziger Jahren entwickelte präsentationsorientierte Programme, die unternehmensbezogene Daten zielgruppenorientiert

und verdichtet darstellen konnten zur Versorgung der Unternehmensführung, mit für die Durchführung der vielfältigen Planungs-, Steuerungs- und Kontrollfunktionen, relevanten Informationen.

Frontend

Ein ~ ist ein Vorverarbeitungssystem, welches die Funktionen des Set-Ups und der Filterung einer anderen - meist leistungsfähigeren, aber weniger „freundlichen" - Maschine (➔ **Backend**) übernimmt.

Granularität

~ beschreibt den Grad der Detaillierung von Daten. Je höher die Detaillierung der Daten ist, desto niedriger ist die Granularität und umgekehrt.

Hybrid

ungleichartig, gemischt (Mischling/Kreuzung)

Hypercube

Eine Speicherungsart entlang der Dimensionen, wobei Datenwürfel bestehend aus mehr als drei Dimensionen gespeichert werden.

IBM

International Business Machines

In-Flow

~ bezeichnet den in das ➔ **Data Warehouse** eingehenden Datenfluß aus den operativen Systemen.

Information Directory

Ein Sammlung von Dateien, die die Struktur einer Datei innerhalb einer Datenbank beschreiben. ~s definieren Datenbanktabellen und enthalten Informationen über deren Speicherstellen, Feld Anordnungen und Indexen.

IT

Informationstechnik (Information Technology)

Join

Ein ~ verknüpft in Form eines ➔ **SQL** Befehls Tabellen einer Datenbank miteinander.

KDD

Der Knowledge Discovery in Databases Workshop von 1989 legte den Grundstein für die konzeptionelle Entwicklung der Datenmustererkennung (➔ **Data Mining**). Knowledge Discovery (Informationsgewinnung aus Datenbanken) bezeichnet den Prozeß, gültige, bisher unbekannte, verständliche und nützliche Informationen aus Datenbeständen zu gewinnen.

LAN

~ (Local Area Network) ist ein Datenkommunikationsnetzwerk, welches geographisch begrenzt ist (typischerweise auf einen Kilometer Radius). ~s erlauben eine einfache Verbindung von Terminals, Mikroprozessoren und

Computer innerhalb nah beieinander liegenden
Gebäuden.

Mainframe

Ein ~ ist der Ausdruck, der ursprünglich auf das
Gehäuse verwies, welches den zentralen Prozessor
oder „main frame" einer extrem großen Stapel (Batch-
) -maschine enthielt. Nach dem Auftauchen der
kleineren „Minicomputer" Entwürfen der frühen 80er
Jahre, wurden die traditionellen Riesenmaschinen als
„~ Computer" und schließlich lediglich als „~s"
bezeichnet. Dieser Ausdruck trägt die Mitbezeichnung
einer Maschine, die eher für das Batch-Verfahren als
für die interaktive Nutzung eingesetzt wird.

Massivparallele Systeme → **MPP Systeme**

Metabase

Eine ~ dient dem Anwender zur leicht verständlichen
Beschreibung der → **Metadaten** hinsichtlich deren
Bezug, Definition und Einsatz. Die ~ ist Bestandteil
des → **Metadatenbanksystems**.

Metadaten

~ geben zum einem Auskunft über operationale
Systeme (z.B. Namen der Originaldatei) oder über den
Transformationsprozeß (z.B. Zielquelle und den Weg
dort hin), zum anderen verbinden sie die
physikalischen Daten des → **Data Warehouse** mit
dem konzeptionellen Geschäftsprozeßmodell und den
→ **Frontend**-Tools der Endbenutzer (z.B. Welche
Daten stehen zur Verfügung / Werkzeuge zur
Zugriffsunterstützung / Verantwortliche Personen).

Metadatenbanksystem

Ein ~ unterstützt den Benutzer bei der Suche von
Informationen und der Navigation durch die Daten im
→ **Data Warehouse**. Das ~ unterstützt die
Administratoren bei der Pflege und Verwaltung eines
→ **Data Warehouse**. Grundlage für das ~ sind die →
Metadaten und die → **Metabase**.

Meta-Flow

~ bezeichnet den Informationsfluß der → **Metadaten**.

Middleware

~ dient dazu, auf Daten auf entfernten Rechnern
zuzugreifen. ~ wird zwischen den → **Frontends** und
dem → **Data Warehouse** wie auch zwischen dem →
Data Warehouse und den Rechnern, auf denen die
Quelldaten liegen, benötigt.

MIS

Ein ~ (Management Informationssystem) ist ein
kennzahlenorientiertes Berichtssystem der sechziger
Jahre, welches entscheidungsrelevante Informationen

aufbereitet und Dispositionsentscheidungen
unterstützte. Diese Systeme finden auch heute noch
Anwendung.

MOLAP

Das ~ (Multidimensionales On-Line Analytical
Processing) Konzept beinhaltet im Rahmen von ➜
OLAP den Einsatz von multidimensionalen
Datenbanken, die auch hinsichtlich der physikalischen
Speichertechnik auf die ➜ OLAP-Denkweise
ausgerichtet sind.

MPP-System

~e (Massively Parallel Processor-Systems) sind
Systeme, an denen mehrere (> 30) Zentralprozessoren
anhand einer Form der Schaltung eng verbunden sind,
wobei jeder Knoten ein eigenes Gedächtnis und
peripherische Schnittstellen besitzt. Der Unterschied
zwischen einer Gruppe Systeme auf einem ➜ **LAN**
und einem ~ besteht in der Tatsache, daß das ~
typischerweise eine physikalische Einheit darstellt und
so entworfen wurde, daß es den Benutzern
gleichgültig ist, auf welchem Zentralprozessor sie
arbeiten, da das operative System sich um die Zugriffe
über der Schaltung zu den Peripherien kümmert.

ODBC

~ (Open Database Connectivity) ist eine
Standardmethode zur Freigabe von Daten zwischen
Datenbanken und anderen Programmen. ~ -Treiber
verwenden die Standardsprache ➜ **SQL**.

OLAP

~ steht für On-Line Analytical Processing, wobei es
sich um komplexe Geschäftsanalysen handelt, die vom
Endanwender in einer multidimensionalen Umgebung
werkzeuggestützt vorgenommen werden können.

OLTP

~ (On-Line Transaction Processing) stellt das
Verarbeiten von Transaktionen von Computer in
Echtzeit dar.

On-Line Analytical Processing   ➜ **OLAP**

Out-Flow

~ bezeichnet den aus der ➜ **Data Warehouse**-
Datenbank herausgehenden Datenstrom, welcher
durch den Endbenutzer, aufgrund der Beantwortung
einer Abfrage, erzeugt wurde.

Outline Editor

Der ~ ist eine grafische Umgebung, in der der ~ die
multidimensionalen Strukturen in Essbase 5.0
definiert werden.

Parallelrechner   Ein ~ ist ein Rechner mit mehr als einem Prozessor
                             und wird zur parallelen Prozeßverarbeitung genutzt.

Performance   Leistung

RDB   relationale Datenbank

RDBMS   Ein ~ (Relationales Datenbank Managementsystem)
                             ist eine Datenbank, die auf dem von E.F. Codd
                             entworfenen relationalen Modell basiert. Eine
                             relationale Datenbank erlaubt die Definition von
                             Datenstrukturen, Speicherung,
                             Rückgewinnungsoperationen und
                             Integritätsbeschränkungen. In einer solchen Datenbank
                             sind die Daten und deren Relationen in Tabellen
                             eingerichtet, wobei eine Tabelle eine Sammlung von
                             Datensätzen enthält und jeder Datensatz aus den
                             gleichen Feldern zusammengesetzt ist. Bestimmte
                             Felder können als Schlüssel definiert werden, um
                             Suchfunktionen nach speziellen Werten aus Feldern zu
                             beschleunigen. Datensätze in unterschiedlichen
                             Tabellen können verknüpft werden, wenn sie den
                             gleichen Wert in einem besonderen Feld in jeder
                             Tabelle enthalten.

Repository   **➜ Information Directory**

ROLAP   Das ~ (Relationales On-Line Analytical Processing)
                             Konzept – auch Virtuelle Multidimensionalität
                             genannt - nutzt im Rahmen des ➜ **OLAP** die aus dem
                             operativen Umfeld bekannte relationale
                             Speichertechnologie, wobei durch zusätzliche
                             Softwarekomponenten auf der Endbenutzer- bzw.
                             Serverseite multidimensionale Sichtweisen auf den
                             Datenbestand erzeugt werden.

Roll Up   Das ~ stellt die von ➜ **OLAP** angebotene
                             Möglichkeit, Informationen unabhängig vom
                             gewählten Einstieg in den Datenwürfel immer weiter
                             zu verdichten. Somit stellt das ~ das Pendant zum ➜
                             Drill Down dar.

Rules file   Eine ~ ist eine in Essbase 5.0 enthaltene Datei, die die
                             Regeln zum Laden der Rohdaten beinhaltet.

Scan   abtasten

Slice   ~ stellt die von ➜ **OLAP** angebotene Möglichkeit,
                             den Datenpool oder Datenwürfel in einzelne Schichten

zu „schneiden", wodurch der betrachtete Datenwürfel neu determiniert wird.

SMP-System

~e (Symmetric Multi-Processor Systems) sind Systeme, bei denen alle Zentralprozessoren gleich (symmetrisch) sind und etwaige Aufgaben von irgendeinem der verschiedenen Prozessoren bearbeitet werden kann. Normalerweise werden diese ~e als „share everything" („teile alles") Architekturen bezeichnet, weil sie Speicher, Busse und Peripherien teilen.

Snowflake-Schema

Das ~ stellt ein Datenmodell des ➜ **ROLAP** dar, wobei das ~ jeweils aus einer zentralen Fakten-Tabelle und Dimensionstabellen mit beliebig vielen Attribut-Tabellen besteht, die dadurch die Dimensionstabellen normalisieren. Anstatt daß die Dimensionsattribute wie beim ➜ **Star-Schema** in einer einzigen Tabelle pro Dimension gehalten werden, hat hier jedes Dimensionsattribut eine eigene Tabelle. Der Name des ~ ergab sich wie beim ➜ **Star-Schema** aus dessen Aussehen.

SQL

~ (Structured Query Language) - Standard-Abfragesprache - ist eine standardisierte Datenbanksprache, die Sprachmittel zur Definition und Manipulation von Relationen enthält.

Star-Schema

Das ~ stellt ein Datenmodell des ➜ **ROLAP** dar, wobei das ~ jeweils aus einer zentralen Fakten-Tabelle sowie einer Tabelle pro denormalisierter Dimension besteht. Der Name ~ rührt daher, daß die Dimensionstabellen sternförmig um die zentrale Fakten-Tabelle angeordnet sind.

Thin Client Architektur

Diese Ausprägung der ➜ **ROLAP**-Architektur gibt vor, daß die wie immer geartete ➜ **OLAP**-Engine auf einem Server zu positionieren ist und lediglich die Repräsentation der Daten auf dem ➜ **Client** zu erfolgen hat.

Thin Client

➜ **Thin Client Architektur**

Up-Flow

~ bezeichnet den Datenfluß, welcher entsteht, wenn höhere Aggregationsstufen erzeugt werden.

Verdichtung

Die Aggregation hierarchisch untergeordneter Werte zu einem übergeordneten Wert, beispielsweise durch

Summenbildung.

Workstation   Ein Rechner (Arbeitsstation), welcher zu einem
                              gegebenen Zeitpunkt von einer Person verwendet
                              werden kann und höhere Leistung als gewöhnliche
                              PCs bietet, insbesondere hinsichtlich Grafiken,
                              Prozessorleistung und der Fähigkeit mehrere
                              Aufgaben gleichzeitig auszuführen.

WWW   World Wide Web

Erklärung zur Diplomarbeit

Die vorliegende Gruppendiplomarbeit wurde von Sven Schoof und Lothar Schulze angefertigt. Sämtliche Themen dieser Arbeit wurden von den Autoren gemeinsam recherchiert, wobei der Schwerpunkt auf einer inhaltlichen Zusammenstellung und Gliederung der Sachgebiete lag.

Es folgt eine Aufstellung über die bearbeiteten Kapitel und deren jeweiligen Verfasser:

Kapitel :	Verfasser :
Einleitung	Schoof / Schulze
Informationsversorgung in Unternehmen	
Dynamik der Wirtschaft - Information als Wettbewerbsfaktor	Schoof / Schulze
Gegenwärtige Situation der betrieblichen Informationsversorgung	Schoof / Schulze
Geforderte Qualität der Informationen	Schoof / Schulze
Entscheidungsorientierte Informationssysteme	
Historie und Entwicklung	Schoof
Abgrenzung von EIS	Schoof
Erfolgsfaktoren	Schulze
Einsatzbeispiele	Schulze
Data Warehouse	Schulze
On-Line Analytical Processing	Schoof
Business Intelligence Tools	
Definition und Richtlinien	Schoof / Schulze
Abgrenzung zu Data Warehouse und OLAP	Schoof / Schulze
Anforderungen an BIT	Schoof / Schulze
Visualisierung und Navigation	Schoof / Schulze
Produktkategorien	Schoof / Schulze
Einteilung nach Funktionalität	Schoof / Schulze
Data Mining	Schoof
Erstellung eines Prototypen	
Einleitung und Konzept	Schulze
Erschaffung der Grundlagen	Schulze
Kennenlernen der Unternehmensstruktur	Schoof
Aufbau des logischen Datenmodells	Schoof / Schulze
Erschaffung der Datenbasis	Schoof
Auswahl der Software zur Datenmodellierung und -präsentation	Schoof / Schulze
Datenmodellierung	Schoof / Schulze
Datenpräsentation und -aufbereitung	Schoof / Schulze
Präsentation des Prototypen	Schoof / Schulze
Schluß	Schoof / Schulze

Diplomarbeiten Agentur

Die Diplomarbeiten Agentur vermarktet seit 1996 erfolgreich
Wirtschaftsstudien, Diplomarbeiten, Magisterarbeiten, Dissertationen
und andere Studienabschlußarbeiten aller Fachbereiche und Hochschulen.

Seriosität, Professionalität und Exklusivität prägen unsere Leistungen:

- Kostenlose Aufnahme der Arbeiten in unser Lieferprogramm
- Faire Beteiligung an den Verkaufserlösen
- Autorinnen und Autoren können den Verkaufspreis selber festlegen
- Effizientes Marketing über viele Distributionskanäle
- Präsenz im Internet unter **http://www.diplom.de**
- Umfangreiches Angebot von mehreren tausend Arbeiten
- Großer Bekanntheitsgrad durch Fernsehen, Hörfunk und Printmedien

Setzen Sie sich mit uns in Verbindung:

Diplomarbeiten Agentur
Dipl. Kfm. Dipl. Hdl. Björn Bedey —
Dipl. Wi.-Ing. Martin Haschke ——
und Guido Meyer GbR ————

Hermannstal 119 k ————
22119 Hamburg ————

Fon: 040 / 655 99 20 ————
Fax: 040 / 655 99 222 ————

agentur@diplom.de ————
www.diplom.de ————